Carola Schuster-Brink

Wenn Erziehung an den Nerven zehrt

Warum Kinder manchmal nicht tun,
was Eltern wollen
Schimpfen, schreien strafen –
Erziehung geht auch anders

SÜDWEST

Inhalt

Wenn Eltern streiten, bleiben die Kinder auf der Strecke.

Kinder haben ihren eigenen Kopf.

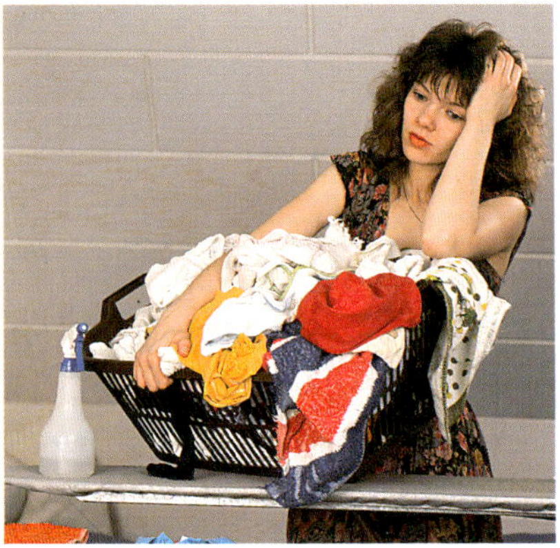

Wenn Hausarbeit zur Tyrannei wird.

Vertrauen macht Erziehung leichter.

Lassen Sie sich nicht unter Zeitdruck setzen.

Gemeinsame Erlebnisse schaffen gemeinsame Überzeugungen.

Vorwort

Wenn Erziehung an den Nerven zehrt, wenn die Nerven täglich dünner werden, so hat das gewiß nicht nur eine Ursache. Aber es hat eine Auswirkung, die sich steigert und steigert. Wenn etwas an den Nerven zehrt, dann stellt sich zusätzlich noch die Furcht ein, die Nerven könnten durchbrennen. Und genau diese Furcht sägt mit an den Nerven und macht sie noch dünner.

Was ist zu tun?

Wer es nicht selbst mitgemacht hat, kann es kaum nachvollziehen, was es heißt, tagtäglich kleine Kinder zu betreuen, zumal dann, wenn es sich nicht um pflegeleichte Kinderbuchkinder handelt.

Zunächst einmal: Gestehen Sie sich ein, daß Erziehung kein nervenschonendes Geschäft ist!
Manche Väter nehmen an, daß die Mütter, während sie selbst sich dem extrem harten Berufsleben stellen, daheim in einer Art ewigem Sanatorium leben. Diese Männer beneiden ihre Partnerinnen. Doch der Neid beruht – wie es der Neid nun einmal so an sich hat – auf einer Wissenslücke.
Wer nicht selbst, Tag für Tag, ein oder mehrere Kinder 24 Stunden lang gewissenhaft betreut, weiß nichts über den extrem harten Beruf des »Kinderbetreuers«. Es kommt ja zu diesem harten Beruf noch etwas hinzu, was auch nicht minder hart ist: ein Haushalt.
Alleinerziehende haben es besonders schwer. Ein Kind allein erziehen heißt, sich nicht stützen können auf jemanden, der auch mal aufsteht, auch mal aufpaßt, auch mal da ist, wenn es einem nicht so gut geht, oder die Schulter zum Ausweinen hinhält. Von wirtschaftlichen Problemen ganz zu schweigen. Aber wie ist das, wenn ein fester Partner zwar da, aber für die Erziehung und Pflege eines Kindes nicht greifbar ist? Die Angst um den Arbeitsplatz treibt viele Väter um. Sie können nicht mehr so leicht wie früher Überstunden und Mehrbela-

stung ablehnen, ohne negativ aufzufallen. Sie müssen schon zusehen, daß der Chef bei Laune bleibt und der Betrieb sie für unersetzbar hält. So fühlen sich viele Männer mittlerweile ausgenutzt und ausgebeutet, ohne dagegen wirklich etwas unternehmen zu können.
So flüchten sie abends und am Wochenende ins vermeintliche Sanatorium, wo die Welt heil und voller Harmonie ist, wo niemand sie mit neuen Pflichten oder Anforderungen plagt. Als ob ein 24-Stunden-Kinderbetreuungstag nicht schon genug wäre! Jetzt fädelt sich auch noch der Partner ins Betreuungsnetz und möchte Zuwendung, Zärtlichkeit und Zeit. Das kann an den Nerven zehren. Denn die Frage, wohin die Mutter sich nach fünfmal 24 Stunden flüchten kann, bleibt meist unbeantwortet.
Ist es da ein Wunder, wenn die Nerven täglich dünner werden und die Furcht, sie könnten reißen, ständig wächst? Die allerwenigsten Menschen sind Helden, ob Männer oder Frauen.
Die allermeisten Menschen wünschen sich aber, daß wenigstens die Mütter Heldinnen sind. Tun Sie niemandem den Gefallen, eine Heldin zu sein, schon gar keine Heldenmutter! Gehen Sie mit viel Klugheit und Vernunft an Ihr Leben heran!

Mutter und Hausfrau zu sein bedeutet einen Ganztagsjob – 24 Stunden. Machen Sie das Ihrem Partner klar, bevor er Sie beneidet.

Verändern Sie Ihren Blickwinkel

Bleiben Sie nicht tatenlos, in der Hoffnung, daß Ihr Partner sich schon morgen in einen Mustergatten und Mustervater verwandelt und Ihre Kinder über Nacht zu Musterkindern werden. Das geschieht ganz sicher nicht. Gehen Sie anders an die Sache heran! Entwickeln Sie Strategien, um Ihre Nerven zu schonen. Niemand wird dabei zu kurz kommen. Sie schonen Ihre Nerven, die Ihres Partners und die Ihrer Kinder, und Sie zahlen dafür eigentlich einen recht geringen Preis: Konsequenz! Konsequenz ist kein Zauberwort.

Konsequenz hat mit Wollen zu tun. Und da stellt sich doch gleich die Frage: Wollen Sie Ihre Nerven nicht doch lieber schonen?

Kinder können hartnäckig sein: dann ziehen sie an den Nerven und erschweren das Verständnis für sie.

Warum Erziehung an den Nerven zehrt

Erziehung ist ein Riesenprogramm

Es gibt viele Berufstätigkeiten, die stündlich, täglich oder wöchentlich das schöne Gefühl erlauben, mit dieser Arbeit fertig zu sein, sie mit Erfolg getan zu haben. Zwar nimmt man dann eine neue Arbeit in Angriff, doch auch die ist irgendwann getan.

Ganz anders in der Erziehung. Kaum ist ein Kind auf der Welt, denken wir über einen Kindergartenplatz nach. Wir machen uns Gedanken, ob unser Kind auch fit ist und mithalten kann, wenn es mit anderen Kindern zu tun hat. Benimmt es sich gut, verträgt es sich, kann es Rücksicht nehmen und sich zugleich durchsetzen und notfalls wehren? Ist sein Sprachschatz ausreichend, damit es sich gut ausdrücken und auch verbal durchsetzen kann? Geht es rechtzeitig zur Toilette, damit es sich nicht blamiert und ausgelacht wird?

Kann es sich selbständig anziehen, ausziehen, melden, wenn irgend etwas nicht stimmt? Geht es nicht mit fremden Leuten, und kennt es sein Wohnviertel und seine Adresse? Erziehung ist ein Riesenprogramm, nie fertig, nie abgeschlossen, und wenn überhaupt von Erfolg gekrönt, dann immer nur von kleinen Zwischenerfolgen, die auch nicht unbedingt sehr dauerhaft sind.

Erziehung plant bereits für die Zukunft

Erziehung ist aber nicht nur ein sehr breites Programm, sondern gleichzeitig auch ein sehr weites: Es läuft der

Zukunft des Kindes voraus und bereitet sein Erwachsenenleben vor.
Wenn wir unser Schulkind zum leserlichen Schreiben anhalten, zu korrekter Sprache, zu Ordnung und Disziplin, wenn wir ihm zusätzliche Bildung und Kompetenz verschaffen, dann tun wir es nicht, um seine augenblicklichen Kindertage zu verschönern. Hätten wir nur letzteres im Sinn, würden wir unsere Kinder lange nicht zur Schule schicken und sie lieber in aller Unschuld im Sand und Matsch spielen lassen.

Eine gute Erziehung, umfassende Bildung, Anpassung an die Gesellschaft, eine erstklassige Ausbildung und ein erfolgreiches Berufsleben sind Ziele, die so manchen überfordern.

Das Kind soll es besser haben

So sitzt uns die Zukunft des Kindes im Nacken, und wir strampeln uns ab, damit wir uns später nichts vorzuwerfen haben. Ob Eltern es zugeben oder nicht, sie wünschen sich nichts sehnlicher als dies: Unser Kind soll es einmal besser haben!
Nun wissen wir ja selbst, wieviel Mühsal es gekostet hat, bis wir das hatten, was uns jetzt auszeichnet:

- Unser Bildungsstand
- Unsere Berufszugehörigkeit
- Unsere materielle Existenz
- Unsere soziale Zugehörigkeit.

Und unser Kind, soviel steht fest, soll es einmal … Soll es wirklich? Soll es mehr Bildung haben, einen höherwertigen Beruf ergreifen, mehr Geld und Gut besitzen und sozial ein paar Stufen höher klettern als wir? Wenn das so ist, dann muß es ran. Und das beizeiten und gründlich. Denn wenn das nicht geschieht, dann ist er aus, der Traum. Und unser Kind wird es am Ende nicht besser haben als wir.

Gedanken dieser Art erzeugen einen unendlichen Druck in der Erziehung. Was die Sache noch zusätzlich erschwert, ist die Tatsache, daß man solche Gedanken kaum offen ausspricht. Sie stecken tief in einem drin, bekommen zwar reichlich Nahrung, scheuen aber das Tageslicht. Denn recht und bei Licht besehen, würden wir zugeben müssen, daß »besser haben« eine Vorstellung in unserem Kopf ist. Nur wir, die wir die augenblicklichen Zustände (Bildung, Beruf, Besitz, soziales Umfeld) kennen, weil wir darin leben, haben eine Vorstellung davon, was »besser« wäre. Besser für uns! Besser auch für unser Kind, wenn es einmal erwachsen ist? Wissen Sie denn, wie Ihr Kind als Erwachsener denkt, handelt, fühlt und plant?

Aufräumen, sauber essen, das »schöne« Händchen geben und stets die Nase putzen sind gewiß erfreuliche Kindereigenschaften. Aber liebes- und freundschaftsfähig zu sein ist das größere Kapital für Ihr Kind.

Verabschieden Sie sich beizeiten von dem aufreibenden Druck auf Ihr Erziehungsprogramm, Ihr Kind müsse es einmal besser haben als Sie! Rüsten Sie Ihr Kind mit Zuneigung aus, mit Wohlwollen und Hilfestellung für seine eigenen kleinen Unternehmungen. Unterstützen Sie sein Lernen und Forschen, dann wird es groß und stark und selbstbewußt genug, sein Leben ganz allein in die Hand zu nehmen. Auch ohne das dauernde Planen, mit dem manche Mütter schon an der Wiege beginnen. Denken Sie immer daran: Die Zukunft ist – auch für Ihr Kind! – das Ergebnis einer gelungenen Gegenwart.

Erziehung ist eine endlose Geschichte

Es gibt Mütter mit 18jährigen Töchtern und 20jährigen Söhnen, die ihre Erziehungsarbeit unverdrossen fortsetzen, als läge der Schnuller noch auf der Tischkante und die Babymütze unmittelbar daneben.
Schon Dreijährige müssen danke und bitte sagen und die »schöne« Hand zum Gruß hinhalten. Sechsjährige müssen im Restaurant Messer und Gabel benützen, und wehe, wenn sie die Finger ablecken oder beim Essen zu Hilfe nehmen!

Zehnjährige müssen das Gymnasium besuchen und Topschüler sein. Nebenher bekommen sie Klavierstunden, Reitunterricht, gehen ins Ballett oder zum Leistungssport. Und das alles tun sie frohgelaunt und willig, weil sie wissen, daß sie noch viel Erziehung brauchen, um später das Leben gut zu bestehen. Oder etwa nicht? Erziehungsarbeit kann man nicht früh genug beginnen und nicht spät genug beenden. So jedenfalls lautet die Überzeugung der meisten Mütter und Väter. Und weil das so ist, entsteht bei der Erziehungsarbeit auch Erziehungsdruck.

Wer fühlt sich hier unwohl?

Man kann sein Kind täglich unzufrieden betrachten unter dem Motto »Da ist noch viel zu tun!«. Man kann es aber auch beständig liebevoll beobachten und denken: Ein witziger kleiner Bursche, voller Tatendrang und Ideen! Warum regen wir uns eigentlich so auf, wenn unser Kind länger als andere in die Hosen macht, später und weniger spricht, mit anderen Kindern nicht klarkommt, Spielzeug zerlegt, herumgammelt, anstatt ordentlich am Tisch mit Lego zu konstruieren? Betrifft die Aufregung uns selbst oder das Kind? Geht es dem Kind nicht gut, so wie es ist? Fühlt es sich nicht wohl?
Oder fühlen wir uns nicht wohl? Warum? Wir sind unzufrieden mit unserem Kind, weil

- Andere Kinder besser sind
- Kinder in diesem und jenem Alter dies und jenes können müssen, um als normal und vorzeigbar zu gelten
- Wir uns das Kind anders vorgestellt haben?

Das macht Druck, und das macht Erziehung endlos! Denn wenn unser Kind sich ständig weigert, so zu sein, sich so zu verhalten, wie wir uns das vorstellen, dann müssen wir unverdrossen weitermachen. Erziehen,

Die Einstellung bedingt das Urteil. Erwarten Sie gesunde und aufgeschlossene Kinder, und freuen Sie sich, wenn Ihre Kleinen das auch sind.

erziehen, erziehen... Die Erziehung wird zur Arbeit, zur Erziehungsarbeit. Zu einer Arbeit ohne Ende. Zu einer Arbeit, die verdrießlich macht, weil der Aufwand in keiner rechten Beziehung zum Erfolg steht.

Was ist zu tun?

Ihr Kind ist von Natur aus reichlich ausgestattet – mit allem, was es für ein kompetentes Verhalten im Leben braucht. Pflegen und fördern Sie diese Ausstattung!

Ändern Sie Ihren Blickwinkel. Betrachten Sie Ihr Kind anders. Ihr Kind ist eine Wundertüte, in der vom ersten Tag an alle Gaben der Natur, seine gesamte Mitgift enthalten sind. Wenn Ihr Kind ein Draufgänger ist, ein folgsames Lamm oder ein Genie, so ist das beileibe nicht das Produkt Ihrer Erziehung. Wenn Mutter Natur für ein Kind die Karten günstig mischt, wenn also sein genetisches Programm nur Positives enthält, dann entwickelt sich dieses Kind unaufhaltsam nach seinem Programm: bildschön, blitzgescheit, kerngesund, sozial angepaßt, manuell und intellektuell superbegabt.
Aber wann mischt schon Mutter Natur die Karten so traumhaft ideal? Die allermeisten Menschen plagen sich mit recht normal gemischten Karten herum. Genauso geht es unseren Kindern. Und wir tun ihnen unrecht, wenn wir durch Erziehung nachzubessern versuchen, was die Natur ihnen eher sparsam mitgegeben hat.

- Wenn die Natur Ihr Kind nicht als Draufgänger vorgesehen hat, sondern eher als einen stillen Denker, dann können Sie dieses Kind durch Sportarten und Wettkämpfe, durch ständiges Anheizen nicht davon abbringen, lieber still für sich zu lesen, zu malen oder nachzudenken.
- Wenn Sie einen geborenen Draufgänger haben, dann wird er durch Stillbeschäftigung nicht von seinem Tatendrang abzubringen sein. Vielleicht wird er einmal Rennfahrer oder sogar Unterhaltungskünstler – und Sie hatten sich so sehr einen stillen Denker gewünscht!

Erziehung ist kluge und freundliche Unterstützung für die »Wundertüte« Kind. Was wirklich drin ist, erfahren Sie nur, wenn Ihr Kind so viel Zutrauen hat, daß es Tag für Tag, Woche für Woche und Jahr für Jahr mehr herausläßt aus sich. Wenn Sie Ihr Kind so sehen, werden Sie aus dem Staunen nicht mehr herauskommen. Staunen heißt mit Wohlwollen betrachten, was da jeweils zum Vorschein kommt. »Aber ich muß doch auch erziehen«, werden Sie jetzt einwenden. »Was wird denn aus einem Kind, wenn man es nicht erzieht?«

Erziehung ist eine Vorstellung im Kopf der Erwachsenen

Bevor man selbst Kinder hat, nimmt man die Kinder anderer Leute wahr und denkt: So sollen meine nicht werden! Oder: So erziehe ich meine Kinder auch!

Das Leben als glückliche Familie ist gar nicht so einfach. Jeder einzelne hat Bedürfnisse, und die Vorstellungen zum Thema »Erziehung« gehen oft auseinander.

Je fester die Vorstellung, wie unser Kind jetzt zu sein hat und später einmal werden soll, desto enger ist der Blickwinkel, aus dem heraus wir das Kind betrachten. Das Kind fühlt sich unwohl, denn es bietet viel mehr, als wir von ihm wahrnehmen.

Als ob Erziehung ein Strickmuster wäre, bei dem das Material keinerlei Rolle spielt! Tatsache ist aber, daß jedes Strickmuster in einem sehr hohen Maße davon abhängig ist, welches Material zur Verfügung steht.
Bei der Vorstellung, wie die eigenen Kinder einmal erzogen werden sollen, spielt auch die eigene Erziehung eine ganz wesentliche Rolle. Wenn die eigene Mutter, der eigene Vater in der Erziehung – vermeintlich oder tatsächlich – versagt haben, dann wird man sich fest vornehmen: So mache ich es nicht!
Das geht sogar so weit, daß heimliche Programme entstehen unter dem Motto »Das mußte ich – mein Kind muß es nicht«, z. B.:

- Spinat essen
- Aufräumen der pingeligen Art
- Abgelegte Kleider tragen
- Mit Puppen spielen statt mit Autos
- In die Kirche gehen
- Teller leer essen
- Die Tanten küssen und die Omas – und was sonst noch ein Alptraum war in der eigenen Kindheit.

In dieses Programm müssen dann die eigenen Kinder schlüpfen, weil man nicht möchte, daß sie mit dem gepiesackt werden, was einem selbst so zugesetzt hat. In meiner Kindheit war Stubenarrest das Mittel der Wahl.

»So etwas mache ich mit meinen Kindern nie!«

Als meine Tochter acht war, sagte sie mir einmal ziemlich vorwurfsvoll: »Die Amei hat immer Stubenarrest, ich nie!« Eines Tages kaufte sie sich rote, grüne und gelbe Baumwolle. Und dann geschah das Unsägliche: Sie bat mich um Stubenarrest. Ich zog alle Register: »Willst du nicht lieber eine Ohrfeige, das ist auch eine Strafe?« Sie hatte noch nie eine bekommen, wollte aber keine.

Alle Straftheorien gingen mir durch den Kopf. Strafe ist dann angemessen, wenn sie nicht nur in einem direkten Zusammenhang mit der Tat steht, sondern auch Lernen ermöglicht und so der nächsten Tat vorbeugt. Aber auch: Strafe ist meist sinnlos.
»Ohne Tat keine Strafe, basta«, sagte ich. Sie schob ihren Teller weg, legte die bunte Baumwolle vor sich hin und zog einen Flunsch – das ist ein Gesicht, in dem man gar nichts mehr lesen kann oder so viel, daß man es nicht mehr deuten kann. Ich nahm ihren halbvollen Teller, stellte ihn beiseite und gab ihr für diesen Nachmittag Stubenarrest. Es gibt Augenblicke, in denen die Vernunft einem grenzenlosen Vertrauen weichen muß. Nicht nur in der Erziehung, aber da besonders. Und besonders oft. Am Abend begrüßte meine Tochter den heimkehrenden Vater stolz mit der Bemerkung: »Ich hatte heute Stubenarrest.« Und im selben Augenblick schob sie ihm einen rot-gelb-grünen Lappen unter die Nase und sagte noch stolzer: »Für dich!«
Man muß sich das einmal vergegenwärtigen: Eine Mutter sperrt ihr Kind ein, und dieses arme Kind häkelt während der »Haft« für seinen Vater einen Waschlappen! Erziehung setzt einen ständig unter Druck. Und manchmal muß man es einfach aushalten, wenn man annimmt, der eigene Partner oder andere Menschen seien mit unseren Methoden nicht einverstanden. Man selbst kennt ja die Situation am besten. Stubenarrest gab es nicht mehr. Mit Kindern kann man ja Gott sei Dank über alles sehr vernünftig reden.

Was wir selbst als unangenehm erfahren haben, möchten wir unseren Kindern ersparen. Was hindert uns daran, es dem Kind zu erlauben, seine eigenen Erfahrungen zu machen?

Leben Sie Ihrem Kind vor, was sich nachzuahmen lohnt

Natürlich setzt Erziehen ein Konzept voraus, aber dieses Konzept muß man selbst vorleben und abwarten, was das Kind davon annehmen möchte. Das Ja oder Nein zum Spinat, zu Puppen oder Autos, zum Aufräumen oder

Stubenarrest hat nicht wirklich mit einem Erziehungskonzept zu tun. Es ist eher eine willkürliche Beschneidung von Möglichkeiten, von denen man gar nicht weiß, wie sie das Kind nützen würde. Als mein Sohn einmal unangemeldet einen Kumpel mit zum Essen brachte, entschuldigte ich mich mit der Bemerkung, es gebe leider Spinat. Der Junge aß und aß. Und dann stellte sich heraus, daß er den ersten bewußten Spinat seines Lebens aß. Seine Mutter hatte ihm diese Möglichkeit vorenthalten, weil ihr Spinat von Kindesbeinen an zuwider war. Erziehung hat wirklich sehr viel damit zu tun, was sich in unserem Kopf als Ballast auftürmt.
Je enger die Vorstellung von dem ist, was ich für mein Kind als unerläßliches Erziehungsziel bereithalte, desto schwieriger wird Erziehung. Es ist nun einmal so, daß nicht mit jedem Material jedes angestrebte Strickmuster gelingt!

Die Sehnsucht nach dem Musterkind

Kinder, die sich wohl und angenommen fühlen, sind von sich aus bereit, das gute Verhältnis zu den Erwachsenen nicht zu trüben. Nichts ist ihnen so wichtig wie ehrliche Zuneigung.

Die meisten Kinder wittern es, wenn wir etwas mit ihnen vorhaben, ohne es ihnen genau zu erklären. Sie reagieren dann mit Widerstand, um sich zu schützen. Da machen wir einen Besuch mit den Kindern, vielleicht sogar bei der Frau des Chefs.
Natürlich möchten wir, daß die Kinder sich jetzt mustergültig benehmen. Wir getrauen uns nicht, die Kinder darüber aufzuklären, was auf dem Spiel steht. Es läßt sich auch so schwer erklären, was es heißt, einen schlichtweg superguten Eindruck zu hinterlassen. Also ziehen wir die Kinder fein an und nehmen sie wortlos mit. Während wir die Absicht verschweigen, sprechen unsere Gesten, unser Gesichtsausdruck und unsere innere Anspannung Bände. Kinder haben dafür ein untrügliches Gespür. Es kommt also, was kommen muß: Die Kinder

verpatzen nahezu jede Gelegenheit, einen halbwegs guten Eindruck zu hinterlassen. Und wir? Wir sind völlig mit den Nerven fertig. Und die Kinder? Die Kinder begegnen nach dem Besuch jedem Vorwurf mit großem Unverständnis. Warum?
Die Vorstellung von Erziehung in unseren Köpfen können Kinder nicht nachvollziehen.

Kinder sind Augenblicksmenschen

Sie reagieren auf alle Eindrücke sofort und ohne Hemmung. Die Hemmung können wir ihnen antrainieren, aber dann schaffen sie sich Ventile, von denen wir nichts ahnen, die wir auch nicht mehr unter Kontrolle haben. Was ist zu tun? Bleiben wir bei dem Besuchsbeispiel. Nehmen wir an, der Besuch sei unumgänglich. In so einem Fall hilft nur, die Kinder einzuweihen.

Ob es ein Arztbesuch ist oder ein schlichter Verwandtenbesuch, das Kind will wissen, was es erwartet. Unsicherheit verstört Kinder, sie wissen nicht, wie sie sich verhalten sollen.

Zu wem, zu welcher Art von Mensch gehen wir? Was gibt es dort zu essen und zu trinken? Kann man dort spielen, oder nehmen wir lieber etwas mit? Wie lange bleiben wir? Und was tun wir danach – vielleicht ein Eis essen? Mit einem klaren Konzept bekommt ein Kind eine Vorstellung von dem Ereignis, das es erwartet. In diesem Fall muß man auch nicht ermahnen: »Sei schön artig!« Das Kind weiß, worauf es ankommt, und wird die Unternehmung mit Geduld bestehen.
Kinder sind un-artig, wenn sie un-sicher sind. Wenn sie nicht genau wissen, was wir von ihnen verlangen, und nur fühlen, daß etwas verlangt wird, was sie aber möglicherweise nicht erfüllen können. Gerade die Un-Sicherheit, etwas nicht leisten zu können, macht Kinder in den Augen der Erwachsenen un-artig. Dabei geht es uns genauso: Wenn wir wissen, was von uns verlangt wird, und annehmen, daß wir das auch können, fühlen wir uns gut und ausgeglichen. Die nebelhafte Vorstellung,

etwas leisten zu müssen, wovon wir keine rechte Vorstellung haben, erschreckt uns und macht uns unsicher, erzeugt sogar Streß.
Wenn zu Anfang gesagt wurde, daß Erziehung eine Vorstellung im Kopf der Erwachsenen sei, dann meint diese Aussage etwa das: Wir stellen uns vor, wie unser Kind zu sein hat, aber unser Kind hat keine Ahnung von unserer Vorstellung. Oft haben wir ja selbst nicht einmal eine konkrete Vorstellung von dem, was wir uns vorstellen. Wir wünschen uns ein kluges, braves, umgängliches Kind.

Wir müssen aufräumen mit den Vorstellungen in unserem Kopf und den Kindern mehr Raum lassen für ihre Entfaltung, für ihr ganz persönliches Programm.

Was ist ein kluges Kind?

Eines, das eher spricht als alle Gleichaltrigen? Das im Kindergarten an der Spitze der Alleskönner steht und in der Grundschule alle in den Schatten stellt?
Könnte es nicht auch so sein: Wir haben ein kluges Kind, das aber mit dem Sprechen lange abwartet, weil es ganz viel zuhört und in sich aufnimmt? Oder ein Kind, das im Kindergarten zögerlich ist, bedächtig an die Dinge herangeht und in der Grundschule gewissenhaft, aber nach eigenem Tempo mitarbeitet? Ein Kind, das sich mit Wissen und Erfahrung vollsaugt, ohne gleich alles herauszutrompeten? Ein Kind, das erst nach der Pubertät »groß rauskommt«? Wäre es nicht völlig falsch, ein solches Kind mit Unzufriedenheit zu betrachten, weil wir von einem klugen Kind eine ganz andere Vorstellung haben? Jede Klugheit stellt sich anders dar. Genauso ist es mit der Bravheit.

Was ist ein braves Kind?

Schmiert ein braves Kind etwa bei Tisch? Es gibt Kinder, die entwickeln gar nicht erst das Bedürfnis, einmal tief in den Teller zu langen und ordentlich durchzumatschen, was da so gut schmeckt. Sind sie brav? Ist ein anderes Kind unartig, weil es alles anfassen und untersuchen muß? Kann es nicht sein, daß unterschiedliche Kinder die Welt unterschiedlich begreifen?

Was ist ein umgängliches Kind?

Ein umgängliches Kind ist eines, das Vater und Mutter viel Freude macht, weil es nachts durchschläft, den Teller stets leer ißt, das Töpfchen statt der Windel benutzt, kein Spielzeug kaputtmacht und immer aufräumt und obendrein noch freundlich ist wie ein ewiger Sonnenschein. Doch solche Musterkinder sind allenfalls die Kinder im Fernsehen in den kurzen Augenblicken, in denen ihre Eltern sie an die Werbung verkaufen.
Unsere richtigen, normalen Kinder schlafen weder nachts durch, noch haben sie regelmäßig Appetit. Genau wie wir. Sie sind auch nicht immer pflegeleicht und strahlend froh gelaunt. Genau wie wir. Warum also diese Vorstellung im Kopf, daß unser Kind ein pflegeleichtes Superkind sein muß?
Ginge es nicht auch mit einer ganz einfachen Vorstellung, der nämlich, daß unser Kind sich rundum wohl fühlen soll? Wohl fühlen mit den Angeboten, die wir ihm geben, und der Hilfestellung, die dazu notwendig ist? Wohl fühlen mit unserem Stolz und unserer Zufriedenheit über jeden kleinen Schritt, den es aus eigener Kraft, aus eigenem Antrieb vollbringt? Erziehung ist »materialabhängig«. Nicht jedes Muster gelingt mit jedem Material. Anders ausgedrückt: Unsere Kinder sind nicht dazu da, unsere Träume und Wunschvorstellungen zu erfüllen. Sie sind eigenständige Wesen mit eigenständigen Anlagen und Vorstellungen von sich selbst.
Wenn man das erst einmal verinnerlicht hat, strapaziert man seine Nerven ganz erheblich weniger, weil man aufgehört hat, Ziele anzupeilen, die unerreichbar sind.

Kinder haben alle Hände voll damit zu tun, den Dingen auf den Grund zu kommen und die Welt zu entdecken. Eigentlich sollten sie ein großes Schild vor sich stehen haben: Bitte nicht stören!

Schieben Sie keine Auseinandersetzung auf, und führen Sie sie verbal durch, solange Sie die Geduld dazu noch haben.

Bevor einem der Kragen platzt

Die meisten Ereignisse haben es so an sich, daß sie im Pulk auftreten: gehäuft, massiv, unvorhergesehen, aus heiterem Himmel, als Konzentrat eben.
Zunächst hält man die Luft an, versucht eines nach dem anderen in den Griff zu kriegen, aber dann geht plötzlich nichts mehr: Der Kragen platzt. Und er platzt meist dann, wenn man es am allerwenigsten gebrauchen kann. Alles wird noch schlimmer, aufgeregter, kopfloser, dreht sich wie eine Spirale. Bevor der Kragen platzt, gibt es viele Augenblicke, in denen er auch schon hätte platzen können. Aber da machten die Nerven noch tapfer mit, da ließ sich noch so manches runterschlucken. Und dann kommt die Summe der Augenblicke, und die Krise ist da.

Wie man sich einen Kater holt

Es wäre unrealistisch zu behaupten, wer sein Kind liebt, kommt in keine Krise. Niemand erzieht im luftleeren Raum, sondern immer unter vielen anderen Belastungen, die nicht mit dem Kind zu tun haben.

Jede Krise schickt ihre Boten voraus. Wenn man diese Boten und ihre Botschaften nicht erkennt, bricht die Krise aus. Die Krise ist ein Signal für die Umwelt: Das könnt ihr mit mir nicht machen – dagegen wehre ich mich!
Es gibt Mütter, die werden krank und demonstrieren so ihrer Umwelt, daß sie die Zustände nicht mehr ertragen können. Andere werden depressiv, weil sie sich nicht trauen, ihre Aggressivität zu zeigen. Sie richten sie lieber gegen die eigene Seele und trauern still. Andere zeigen ihre Wut, koste es, was es wolle. Da werden die Kinder angebrüllt, bekommen eher als sonst einen Klaps, sogar mitunter eine ganze Serie von Klapsen. Denn wer kann sich noch steuern, wenn die Wut ihn blind erwischt?

Ungerecht behandelte Kinder brüllen, toben, schreien und sägen an den Nerven. Es fehlt jede Kraft, jetzt Trost zu spenden oder sich gar zu entschuldigen.

Ein Teufelskreis entsteht

Zu allem Unglück meldet sich jetzt auch noch das schlechte Gewissen und sägt erheblich mit an den Nerven. Dazu kommt auch noch, daß kleine, ganz geläufige Handgriffe mißlingen: Etwas kocht über, die Waschmaschine spinnt, ein Vertreter läßt sich nicht abwimmeln, etwas fällt herunter und zerbricht, man stolpert, ein Kind verletzt sich, ein Gegenstand wird gesucht und nicht gefunden. Die Nerven liegen blank, man möchte sich zerreißen, wenn man nur wüßte, wie es geht. Nach diesem schlechten Tag kommt der Partner nichtsahnend und vielleicht frohgelaunt und erfolgsverwöhnt nach Hause und säuselt: »Liebling, ruf meine Mutter an, sie soll die Kinder hüten. Ich möchte in den Biergarten mit dir!«

Er fühlt sich so toll. Wie lange waren Sie nicht mehr in seinem Lieblingsbiergarten? Den ganzen Tag hat er sich darauf gefreut. Doch nun bricht ein Unwetter los, nach dem nichts mehr so ist wie zuvor: »Ausgerechnet deine Mutter! Das ganze Jahr nörgelt sie nur an mir herum. Geholfen hat sie mir noch nie. Meine Mutter magst du ja nicht. Sie getraut sich schon gar nicht mehr her. Und was geht mich dein Biergarten an? Ich mag kein Bier! Ich habe es dir schon 100mal gesagt.« Und dann folgt die Beschreibung der Hölle, die heute los war. Zur Demonstration all dessen, was gerade geschildert wird, legen sich die Kinder mächtig ins Zeug: Sie knatschen um die Wette, suchen Trost, werden lästig. Bald fließen Tränen, harte Worte fallen. Man sagt sich ungeschminkt, was sich alles so angestaut hat. Manches ist schon Jahre her. Aber jetzt gilt es.

Mißverständnisse entstehen dann, wenn einer vom anderen nicht genügend weiß. Nach einem randvollen Tag stehen sich die Partner oft gegenüber, als lägen Wochen dazwischen. Hier hilft nur sich Ruhe gönnen, verschnaufen, reden, erzählen, was los war.

»Jetzt ist Generalaufwasch!«

Was alles gesagt wird, daran vermag sich kurze Zeit später niemand mehr zu erinnern. Es war sowieso zuviel, zu laut, zu ungeordnet, zu emotional und – viel zu giftig! Zurück bleibt ein Kater, der vielleicht einer nächtlichen Versöhnung weicht, vielleicht aber auch unversöhnliche Fronten zurückläßt. Bis zum nächsten Mal, wenn es wieder heißt: Heute machen wir Generalaufwasch! Wirkliche Veränderungen gibt es nicht, weil kein vernünftiges Gespräch stattfand. Alle Vorwürfe schüttelt man ab wie einen Gewitterregen. Man fühlt sich nicht wirklich gemeint. Man reiht solche Exzesse eher in die Kategorie der Naturkatastrophen ein, die jeden treffen können. Erwachsene arrangieren sich dann oft, man ist aufeinander angewiesen, man möchte einander nicht verlieren. Den Kindern erklärt niemand die Situation. Bis zum nächsten Mal. Bis dahin spielt Mutter den Helden, steckt alles weg und verändert nichts. Wenn der Kragen öfter so vehement platzt, müssen Kinder Strategien entwickeln, um mit solchen Situationen fertig zu werden.

Kinder in Krisensituationen

Wenn Eltern sich hemmungslos streiten, endlos und ohne den Streitgegenstand zu bearbeiten, verlieren Kinder oft die Fassung. Wer erklärt ihnen, was los ist, und tröstet sie?

Viele Kinder fühlen sich dann schuldig; sie denken, sie machen alles falsch und man kann sie deswegen nicht liebhaben. In der Folge passen sie sich an bis zur Überanpassung. Sie würden alles tun, damit der Kragen nicht platzt. Vor allem Mädchen reagieren so. Ihr Selbstwertgefühl schrumpft. Sie fühlen sich klein und hilflos. Was sie tun, was sie lassen, geschieht nur, um die Harmonie zu bewahren und den Frieden zu sichern. Hier wird den kleinen Mädchen eine Last aufgebürdet, von der sie sich auch als Erwachsene oft nicht befreien können. Chefs und Ehemänner haben mit ihnen später keinen schweren

Stand. Es gibt aber auch Kinder, vielfach die Buben, die aufbegehren, insgeheim die Position des Vaters beziehen und versuchen, die Mutter zu bevormunden, zu schikanieren und an allem herumzunörgeln. Mütter stellen dann oft fest, daß die Söhne die Ehemänner im Taschenformat sind.

Wie herauskommen aus alledem?

Jede Krise schickt ihre Vorboten. Und die wollen beachtet sein. Damit es nicht wieder zum Kater kommt, sollte man sich und die Krisensituation genau hinterfragen:

- Was ist schwierig?
  Ich, mein Partner, meine Kinder?
  Die Wohnung, die Nachbarn, die Verwandten?
- Wer müßte sich anders verhalten?
  Ich, mein Partner, meine Kinder?
- Kann ich die Wohnung so umräumen, daß es mit den Kindern weniger Konflikte gibt?
- Soll ich mir die Verwandten vorläufig vom Hals halten?
- Oder könnten sie mir helfen?
- In welcher Situation platzt mir der Kragen?
- Was kommt da alles zusammen?
- Wen lasse ich mein Unbehagen zuerst spüren?
- Warum gerade den?
- Was steigert mein Unbehagen?
- Kann ich den Augenblick erkennen, ab dem ich mich so hineinsteigere, daß es kein Halten mehr gibt?
- Was könnte ich in diesem Augenblick tun, um mich zu besänftigen?
  Einen Kaffee machen, eine Freundin anrufen, Musik hören, ein warmes Bad nehmen, mit den Kindern spazierengehen, obwohl das erst später dran wäre?

Man muß selbst herausfinden, womit man sich ablenken und beruhigen kann. Da gilt für jeden etwas anderes.

Jede Situation bietet einen Ausweg – Sie müssen ihn nur beharrlich suchen. Und denken Sie daran: Vielleicht sind Sie selbst nicht ganz unschuldig.

Krisen sind normal.
Trotzdem kann man es lernen, unangenehmen Zerwürfnissen vorzubeugen. Am besten geht man all die Wege und Gassen behutsam zurück, die zur letzten Krise geführt haben.
Dann fragt man sich: Was mache ich künftig anders?

Ich kenne eine junge Mutter, die nimmt ihr Strickzeug und strickt mit fünf Nadeln immer rund und rund und nochmals rund, bis sie sich wieder gefangen hat. Es gibt auch spezielle gymnastische Übungen, die einem die Lust am geplatzten Kragen – mit anschließendem Kater – vergällen. Man muß erfinderisch sein, wenn man weiß, daß die Vorboten der Krise schon unterwegs sind. Langfristig aber hilft nur, das zu verändern, was nervt und den Kragen zum Platzen bringt.

Aber es lohnt sich bestimmt! Es lohnt sich immer, ein paar Fragen zu stellen. Und es lohnt sich ganz besonders, eingeschliffene Verhaltensweisen ohne jede Hemmung unter die Lupe zu nehmen. Mütter sind keine Helden, schon gar keine Heldenmütter. Aber was sind sie dann?

Wäsche waschen, Geschirr spülen, Betten machen, aufräumen und einkaufen – der Haushalt fordert jede Mutter. Aber lassen Sie sich nicht von der Familie ausnutzen!

Sind Mütter Sklaven?

Welch eine praktische Vorstellung!
Schauen Sie sich einmal in Ihrer engeren und weiteren Familie um, und stellen Sie sich vor, wie jede einzelne Person auf die Vorstellung reagieren würde, wenn Sie ihr etwa folgendes anbieten: »Du hast genug mit dir selbst zu tun, erlaube mir deshalb, daß ich fortan dein geduldiger, aufmerksamer und schweigsamer Sklave bin!«
Vielleicht würde der eine oder andere ein wenig protestieren, aber wahrscheinlich doch nur deshalb, weil das Angebot so deutlich und ungeschminkt kommt. Man kann es auch anders, weniger spektakulär machen, indem man sich wortlos und ohne ein offizielles Angebot ganz einfach wie ein Sklave verhält.

Und genau das tun sehr viele Mütter – und niemand protestiert! Protestieren Sie also selber. Tun Sie es konsequent, aber geräuschlos: Nehmen Sie Block und Bleistift zur Hand, und malen Sie Kästen. In die Kästen schreiben Sie die Namen der Personen, deren Sklave Sie zu sein glauben. Klären Sie in Ihrem Kopf ab, was Ihre ganz normale Pflicht ist und was ans Sklavische grenzt.

Schreiben Sie alles auf

Aber lassen Sie den Block nicht herumliegen. Er ist sozusagen Ihre Arbeitsunterlage für einen Strategiewechsel. Und das geht zunächst nur Sie etwas an.

Bedenken Sie: Sklavenhaltung ist verboten! Möchten Sie, daß Ihre Familie sich strafbar macht? Und möchten Sie unbedingt täglich mit lauter straffälligen Sklavenhaltern zu tun haben?
Also sehen Sie es einmal so: Sie helfen Ihrer Familie, aus der verbotenen Sklavenhalterei herauszukommen.

Manchmal ist es einfacher und nervenschonender, alle Handgriffe selbst zu tun, als andere darum zu bitten und lange Erklärungen abzugeben. Auf Dauer aber zehrt es trotzdem an den Nerven: Schließlich sind uns die unzähligen Handgriffe viel zuviel, und der Kragen platzt.

Sklavendienste oder ganz normale Hilfeleistungen?
Wie sehr nervt mich was?
Sollte ich es (langsam) abstellen?

Fragen Sie sich, was Sie besonders nervt an dem, was Sie (sklavisch) für eine andere Person tun. Kann diese Person – mit gutem Willen und ein wenig Übung – das auch genausogut für sich selbst tun?

Machen Sie sich ein Bild von Ihrer Situation

Schreiben Sie das Gefundene in die Kästen zu den jeweiligen Personen. Sie können dann später selbst entscheiden, ob Sie es als ganz normale Pflicht sehen oder abstellen wollen. Wenn Sie es abstellen wollen, dann nicht im Hauruckverfahren, sondern auf dem geduldigen Weg der diskreten Umschulung.
Damit Ihnen Ihre eigenen – unnötigen – Hilfeleistungen besser bewußt werden, gebe ich hier einige Beispiele. Ich habe sie den Gesprächen mit Müttern entnommen, die diese Hilfeleistungen für ihren Partner zwar erbringen, aber gleichzeitig zugeben, daß es ihnen reichlich auf die Nerven geht, für den Partner morgens bei Wind und Wetter das Garagentor zu öffnen; hinter ihm herzuräumen, damit abends alles wieder dort liegt, wo er es gerne vorfindet; ihm Socken und Unterwäsche zu kaufen, obwohl er damit selten völlig zufrieden ist; für seine Geschwister und Eltern Geschenke zu besorgen (da niemand einen konkreten Wunsch äußert, gibt es statt einem Dankeschön meist noch Kritik hinterher!); Rezepte von seiner Mutter zu kochen oder zu backen (egal, wie es gelingt, seine Mutter konnte es besser); Schuhe zu putzen, Sachen in die Reinigung zu bringen; ihn auf Partys und Einladungen zu begleiten, wo er sich profilieren muß (»Ich kann ihm dann nichts recht machen und fühle mich minderwertig, weil ich derzeit nur Hausfrau bin, während seine kinderlosen Kolleginnen alle Blicke auf sich ziehen«); mit ihm zu schlafen, wenn nicht alles im Lot ist; mit ihm zu frühstücken, obwohl er Zeitung liest und sehr oft telefoniert.

Die ganze Familie fordert

Aber es ist ja nicht nur der Partner, der Hilfeleistungen bekommt. Was tun Sie für Ihre Kinder, was diese auch selbst erledigen könnten? Was für Ihre Verwandten, Freunde, Nachbarn, Bekannte?

Tägliche Belastungen in der Familie

Personen	Dienstleistungen
Peter	Morgens Garage öffnen und schließen; hinter ihm herräumen; Socken, Unterwäsche und Hemden kaufen; Sachen in in die Reinigung tragen; Schuhe putzen; Rezepte von seiner Mutter kochen; Geschenke für seine Verwandten besorgen; ihn auf langweilige Veranstaltungen begleiten; Auto pflegen
Anna	Zum Kindergarten bringen und abholen; morgens anziehen; Brot und Obst kleinschneiden; abends stundenlang verabschieden; mit ihr spielen, wenn kein Kind da ist; sie nachts in mein Bett lassen; aufräumen; bestimmte Lebensmittel besorgen
Oma	Zum Friseur bringen; zur Fußpflegerin fahren; ständige Chauffeurdienste; zu Feiertagen einladen; Kleider kaufen und ändern; am Telefon zuhören; im Krankheitsfall einspringen
Tante Vera	Blumen gießen; Katze versorgen; Dinge besorgen; schwierige Sachen backen; bei Krankheit einspringen; lange telefonieren
Klaus-Peter	Vergessenes in die Schule tragen, jeden Elternabend allein besuchen; Unordnung beseitigen; modischen Wünschen entsprechen; Fahrrad reparieren

Schreiben Sie auf, was Alltag und Haushalt so alles von Ihnen fordern. Eine Übersicht hilft, den Überblick zu behalten.

Tagsüber Haushalt, Kochen, Mutterpflichten und am Abend die strahlende Ehefrau und zärtliche Geliebte? Das ist zuviel. Laden Sie Ihre Lieben zur Mitarbeit ein.

Schulen Sie Ihre Lieben langsam um

Damit kein falscher Verdacht aufkommt: Hilfsbereitschaft ist eine großartige Tugend, und die Welt wäre arm dran ohne sie. Aber es muß durchaus erlaubt sein zu fragen: Handelt es sich um wirkliche Hilfe – wie etwa bei der Versorgung eines Babys – oder um eine gewohnheitsmäßige Handreichung, die sich eigentlich schon längst überlebt hat? Die für den Betroffenen zwar äußerst angenehm, aber für den Helfenden schon längst nervenzermürbend ist?
Wenn Sie feststellen, daß Ihre Nerven auch deshalb flattern, weil Sie eigentlich viel mehr tun, als Sie müssen und je zurückbekommen, dann lassen Sie Ihren Kragen ganz einfach platzen.

Und wenn der Kragen so richtig geplatzt ist, dann schauen Sie auf Ihren Block. Was nervt Sie am meisten bei wem? Gehen Sie mit Geduld und Konsequenz an die Umschulung der betreffenden Person, bis der Erfolg sich einstellt.

Muten Sie Ihren Kindern zu, daß sie bestimmte Handgriffe sehr gut selbst erledigen können. Rechnen Sie damit, daß Ihre Kinder dann sogar stolz auf sich sind.

Schreien, schimpfen, toben, schlagen

Das alles würde gewiß Erleichterung bringen. Doch wie lange? Wenn Sie die Fäden der Umschulung nicht gelassen selbst in die Hand nehmen, wird alles beim alten bleiben. Das einzige, was Ihren Familienangehörigen zu Schimpfen und Gebrüll einfällt, ist das Wachsenlassen kleiner schalldichter Rollos im Innenohr, die sie bei Bedarf herunterziehen. Seine Verhaltensweisen wird kaum einer freiwillig ändern. Und das war es doch, was Sie eigentlich wollten. Wenn Sie eine nervenzehrende Hilfeleistung, die zwar Routine geworden, aber eigentlich nicht mehr notwendig ist, abstellen wollen, müssen Sie äußerst diplomatisch zu Werke gehen.

Nehmen wir an, auf Ihrem Block steht – im Kästchen um Ihren Partner – an erster Stelle, daß es Sie nervt, ihm alles hinterherzuräumen. »Alles« ist ein weiter Begriff. Nehmen Sie ein Ding heraus. Lassen Sie dies, auch wenn es Sie beständig ärgert, dort liegen, wohin es Ihr Partner gelegt hat. Wenn er es sucht, sagen Sie ihm, daß Sie es nicht in der Hand gehabt haben, was ja die absolute Wahrheit ist. Sie können auch noch zusätzlich sagen, daß es dort ist, wo er es hingelegt hat. Was wiederum nichts als die Wahrheit ist.
Da Sie nichts verbrochen haben, sondern im Gegenteil Ihren Mann von der schändlichen Straftat der Sklaverei abhalten wollen, können Sie ganz gelassen, freundlich und ruhig bleiben.

Versuchen Sie nie, die Welt von heute auf morgen radikal zu verändern

Gehen Sie alle Änderungen häppchenweise und mit Geduld und Humor an. Wenn Ihre Umschulungskandidaten, die kleinen und die großen, ein Häppchen bewältigt haben, gehen Sie zum nächsten Häppchen über. Sagen Sie im Erfolgsfall nie: »Siehste!« Denken Sie immer daran, daß Sie selbst zur Routine der Hilfeleistungen – und damit zu Ihrem eigenen Sklaventum – gehörig beigetragen haben.

Wenn Ihre Umschulungsmaßnahme – also das Abstellen einer nervenaufreibenden Verhaltensweise – geglückt ist, streichen Sie die entsprechende Zeile in dem betreffenden Kästchen auf Ihrem Block durch. Ein Erfolg ist jeweils das Mistbeet für den nächsten. Und wenn Ihnen wieder mal der Kragen platzt, packen Sie die Gelegenheit beim Schopf und horchen in sich hinein und betreiben Ursachenforschung. Und denken Sie immer daran: Sklaverei ist strafbar!

Wer seine Mitmenschen verändern will, braucht Geduld. Planen Sie Ihr Vorhaben sorgfältig in kleinen Schritten, und überfordern Sie gerade am Anfang kein Familienmitglied.

Lassen Sie sich von Ihrem Haushalt nicht überwältigen. Alles ist machbar, wenn Sie es geschickt aufteilen.

Die Zeit richtig einteilen

Der Haushalt – ein Tyrann?

Im großen Reigen all dessen, was reizt und an den Nerven zehrt, steht sicher nicht an letzter Stelle der Haushalt. Mag er groß sein oder klein, alle Fenster sehen ständig so aus, als müßten sie dringend geputzt werden. Auf jeder Lampe, jeder Kommode liegt Staub. Die Schmutzwäsche staut sich vor der Waschmaschine. Gummis werden lahm, Knöpfe reißen ab, und der Fußboden sieht eigentlich nie so aus, daß man davon essen möchte. Wenn man nicht aufpaßt, wird der Haushalt zum Tyrannen und man selbst – Sie ahnen es schon – zum Sklaven. Ich kenne Hausfrauen – und Sie bestimmt auch –, mit denen man sich kaum verabreden kann. Sie müssen dringend – mal wieder – putzen!

Werden Sie nicht zur Putzfrau der Familie!

Putzen ist ein weites Feld, in dem man sich mühelos verlaufen kann. Man kann sich aber nicht nur darin verlaufen, sondern sogar hoffnungslos verrennen, wenn man nicht aufpaßt. Der Haushalt ist wie ein Schal, der sich endlos weiterstricken läßt. Und Putzen ist eine echte Falle. Darum Vorsicht! Setzen Sie sich in einer stillen Stunde an einen Tisch, und nehmen Sie Block und Bleistift zur Hand. Malen Sie einen Kasten für jeden Raum, für dessen Sauberkeit Sie Sorge tragen. Zeichnen Sie Fenster ein, Waschbecken und alle Teile, die von Ihnen geputzt, entstaubt oder sonstwie behandelt werden.

Jetzt haben Sie Ihre gesamte Putzfläche vor Augen: Fenster? Böden? Herd? Was müssen oder möchten Sie täglich, wöchentlich, 14tägig oder monatlich putzen?

Der Monatsplan

Machen Sie sich einen Monatsplan, und verteilen Sie auf die einzelnen Wochentage, was fällig ist. So entstehen kleine, überschaubare Zeitpakete, die Sie täglich aufschnüren können, ohne daß Sie sich überfordert fühlen.

Wenn Sie am 18. die Fenster im Wohnzimmer putzen, und am 22. stellt Ihre Schwiegermutter fest: »Du könntest auch mal wieder Fenster putzen«, dann sind Sie gewappnet. Sie müssen nur felsenfest dazu stehen, daß vor dem nächsten 18. kein Wohnzimmerfensterputz mehr stattfindet. Und wer sagt eigentlich, daß ein Fenster alle vier Wochen geputzt werden muß? Wenn es nicht auf der Wetterseite liegt, hält es wesentlich länger, als Sie bislang angenommen haben. Machen Sie in Ihrer Putzplanung also auch Unterschiede zwischen notwendiger und Luxusputzerei. Was nervt, sind alle wiederkehrenden Arbeiten, deren Erfolg nur kurzfristig anhält.

- Kaum glänzt das Waschbecken, da wäscht sich ein Dreckspatz die Hände.
- Das Bett ist frisch gemacht, da läßt ein müder Krieger sich hineinplumpsen.
- Die Zeitungen und Zeitschriften sind vorbildlich geschichtet – jemand fingert das unterste Stück heraus.
- Die Spüle ist leer, trocken und astrein poliert, im Nu liegen dort Bestecke, und tropfnasse Gläser hinterlassen Spuren.
- Gerade haben Sie die Spielsachen ins Regal sortiert, da sieht schon wieder alles aus wie nach einer Hausdurchsuchung.

Den Haushalt besorgen bedeutet oftmals aufräumen, putzen und ordnen, was kurze Zeit später wieder dreckig und unordentlich ist. Trennen Sie notwendige von überflüssiger Arbeit.

Es ist schon deshalb eine gute Sache, wenn man seine Wochenarbeit schriftlich festlegt, weil dadurch der Kopf frei wird für andere angenehme und unangenehme Dinge. Was man aufschreibt, muß man nicht im Kopf herumtragen.

Die Beispiele ließen sich endlos fortsetzen. Jeder macht so seine speziellen Erfahrungen mit seinem ganz speziellen Haushalt.

Was ist zu tun?

Gerade weil der Haushalt ein so gefräßiger Moloch ist, kann man ihm nur mit strikter Planung begegnen. Tun Sie das! Erziehen Sie sich dazu, nichts – oder kaum etwas – ohne Planung zu tun. Wenn Sie immer sofort handeln, wenn etwas unordentlich, schmutzig oder sonstwie aus dem Lot geraten ist, sind Sie auf dem besten Wege, zum Sklaven Ihres Haushaltes zu werden. Wenn Sie das Waschbecken gerade sauber haben und besagter Dreckspatz macht es wieder schmutzig, dann haben Sie die Wahl: Der Dreckspatz putzt, oder Sie – laut Arbeitsplan – erledigen das am anderen Morgen.

Der Berg Zeitungen ist umgekippt, na und? Sie haben wieder die Wahl: Der Täter schafft Ordnung, oder Sie tun es zu dem Zeitpunkt, den Sie sich für diese Aufräumarbeit vorgenommen haben. Und keine Stunde früher! Die Spüle ist dazu da, daß hier Geschirr zwischengelagert wird. Und einer muß den Anfang machen. Nur sollten Sie sich nicht von jedem Teil angesprochen fühlen und es wieder wegräumen. Was soll das Spielzeug im Regal? Spielzeug ist zum Spielen da. Warum soll es für das Spielzeug eine Stunde Null geben, in der es akkurat aufgereiht irgendwo steht?

Wer verlangt das?

Stellen Sie sich vor, diese Stunde Null der absoluten Ordnung würde auch für Ihre Wäsche schlagen. Dann gäbe es einen Zeitpunkt, zu dem jeder Faden, jedes Teil hübsch brav und sauber im Schrank liegen müßte.

Gefaltet natürlich. Keine Decke bliebe auf dem Tisch, kein Hemd am Leibe, keine Socke am Fuß und kein Laken auf dem Bett. Das macht zwar keinen Sinn, wäre aber die vergleichbare Stunde Null des Spielzeugs. Also lassen Sie das Spielzeug dort, wo es gerade so dringend gebraucht wird wie die Socke am Fuß.
Wenn es Ihnen aber ganz persönlich auf die Nerven geht, weil Sie nicht mehr laufen können, ohne auf etwas zu treten, dann haben Sie die Wahl: Sie kicken es weg, oder Sie treten darauf und sagen: »Sorry, nun ist es hin, das schöne Ding! Es lag aber auch wirklich zu unglücklich da ...«
Wenn Sie nicht nur Haushalt und Kinder versorgen müssen, sondern auch noch berufstätig sind, können Zeitpakete nahezu überlebenswichtig sein. Schon weil das schlechte Gewissen tief sitzt wie ein Virus, ist Arbeitsplanung im Haushalt ein probates Mittel der Gegensteuerung. Wie leicht stürzt man sich kopflos in das nie enden wollende Abenteuer Haushalt. Man will alles, alles sofort und alles bestens ins reine bringen. Genau das ist ver-

Kinder brauchen ihr Spielzeug, um die Welt zu entdecken und das Leben aufregend zu gestalten. Sie leben in ihrer Phantasie und haben noch keinen Sinn für die Ordnung der Erwachsenen.

kehrt. Es kostet zuviel Kraft, zuviel Zeit und macht schließlich mutlos und verdrossen, weil »alles« ganz einfach nicht gelingen kann. Schritt für Schritt – genau nach Zeitplan – bringt kleine Erfolge. Es bringt überdies auch freie Zeit. Was will man mehr? Ist dafür der Preis der Planung und der Konsequenz zu hoch?

Jedes Kind ein Nimmersatt?

Wenn man darangeht, alle Belastungen, die tagtäglich bestanden sein wollen, einmal schriftlich aufzulisten, entweicht oft schon der Druck. Die Notizen beweisen, daß es sich nicht um Hirngespinste handelt.

Wenn Sie stillen, wenn Sie ein Windelkind haben oder eines, das gerade laufen lernt und vor dem nichts sicher ist, versagt beinahe jede Zeitplanung. Wenn Sie gleich zwei oder mehrere Kinder in diesem Alter haben, brauchen Sie starke Nerven. Wenn Sie das Gefühl haben, daß die Wellen über Ihrem Kopf zusammenschlagen, und Sie fürchten, daß bald nichts mehr geht, suchen Sie sich die

Mehr Kinder, mehr Wünsche, mehr Probleme, mehr Arbeit für die Mutter. Sorgen Sie für erholsame Pausen für sich selbst.

berühmte stille Stunde, greifen zu Papier und Bleistift und machen sich folgende Notizen:

- Was nervt Sie derzeit am meisten?
- Was nervt Sie außerdem?
- An wem nervt Sie etwas?

Und notieren Sie auch das:

- Welche Hilfeleistung müssen Sie erbringen, damit Ihr Kind, Ihre Kinder sich wohl fühlen?
- Welche andere Hilfeleistung können Sie hintanstellen, bis Ihr Kind aus dieser Situation herausgewachsen ist?
- Welche Hilfe können Sie organisieren, damit Sie auch einmal zu sich selbst kommen?

Jedes Kind ist ein Nimmersatt, und zwar von Natur aus. Bekommt ein Kind ein Geschwisterchen, erwacht der Nimmersatt zu ungeahnter Kraft. Das ist normal und gut so. Auf diese Art zeigt ein Kind, daß es dringend etwas braucht, was seine weitere Entfaltung – von der »Wundertüte« zum reifen Menschen – vorantreibt. Ohne ausreichende Zuwendung und Unterstützung verharrt ein Kind in seiner augenblicklichen Entwicklungsphase oder fällt sogar auf schon überstandene Entwicklungsstufen zurück, um sich sicherer zu fühlen.

Kleine Kinder fordern – immer wieder und ohne Rücksicht. Jetzt müssen Sie an sich denken, notwendige Pausen planen und auch einhalten.

In zwei Jahren sieht alles ganz anders aus

Ich finde, es ist ein wirklicher Trost. Wenn man mittendrin steckt, erscheint alles ziemlich uferlos. Wenn man später zurückschaut, war die Zeit so kurz, daß man Mühe hat, sich daran zu erinnern. Erinnern Sie sich noch an Ihre Schwangerschaft? Immerhin waren es doch neun Monate! Das erste Jahr Ihres Kindes geht viel zu rasch vorbei. Plötzlich steht es, plötzlich geht es. Wenn es erst läuft, ist der Kindergarten nicht mehr weit, und heimlich winkt schon die Schule …

Wenn Ihr Kind heute bei Tisch schmatzt und schlürft, so heißt das noch lange nicht, daß es das auch noch in 20 Jahren tut. Bis dahin hat es längst selbst festgestellt, daß bessere Manieren besser gefallen. Also warum regen Sie sich heute so auf?

Ich will damit sagen, daß jedes unentwirrbar scheinende Knäuel von Gleichzeitigkeiten sich irgendwann einmal auflöst und handhabbar wird. Vier Kinder im Vorschulalter sind kein nervenschonendes Programm. Kein berufstätiger Vater kann das unterstellen. Es ist und bleibt eine harte Zeit. Machen Sie sich – auch hier – Zeitpakete. Was steht jetzt an erster Stelle? Was steht danach an erster Stelle? Wie lange wird das dauern? Mit wem können Sie sich zusammentun, um einen Nachmittag oder Abend in der Woche frei zu haben?

Feste Regeln helfen

Kinder können schon sehr gut kleine Aufgaben übernehmen. Sie müssen sich nur getrauen, ihnen etwas zu übertragen, und konsequent bleiben bei der Einhaltung. Heute tun und morgen lassen, das verunsichert ein Kind. Kinder mögen feste Regeln. Überlegen Sie also, was von dem, was Sie nervt, von den Kindern selbst erledigt werden kann.

Da wir gerade bei den festen Regeln sind – eine hat sich in der Praxis besonders gut bewährt: Wenn jeder Gebrauchsgegenstand einen festen Platz hat, so ist jeder Benutzer angewiesen, den Gegenstand nach Gebrauch wieder an seinen angestammten Platz zurückzutragen. Wenn Sie das einführen, werden Sie staunen, wieviel Zeit und Nerven es spart. Nur vormachen müssen Sie es – und zwar sehr konsequent. Es ist großartig, die Schere, den Schlüssel, den Schuhlöffel, die Handcreme, den Kugelschreiber samt Block, die Handschuhe oder dergleichen stets dort vorzufinden, wo man danach greifen möchte. So eine Regel begreifen auch schon die Kleinsten, zumal wenn ihnen der Sinn erklärt wird.

Forschen Sie nach, was Ihr Leben sonst noch erleichtern kann. Gerade das, was Sie besonders nervt, nehmen Sie kritisch unter die Lupe. Meist ist es ein Bündel von Einzelheiten. Entzerren Sie das Bündel. Einzelheiten lassen sich besser bearbeiten als ein ganzes Bündel.

Wenn die Wellen hochschlagen

Wenn man glaubt, darunter begraben zu werden, hilft nur ein kritisches Zerlegen der Situation. Setzen Sie Zeiten fest, wann etwas über die Bühne gehen muß. Haken Sie die Dinge ab, die erledigt sind. Das ist Ihr Erfolgserlebnis. Auch Ihr Partner ist am Geschehen beteiligt, wenn ein fester Aufgabenkatalog ihm ganz konkret sagt, was Sie von ihm wollen. Unausgesprochener Druck macht mißmutig. Und Zeitangaben können sehr hilfreich sein. Sagen Sie ganz konkret: Bis nächsten Donnerstag brauche ich einen Beutel Erde zum Umtopfen der Zimmerpflanzen. Zeigen Sie Ihrem Partner auf Ihrem Arbeitsplan, daß nächsten Donnerstag Umtopfen an der Reihe ist. Er kann dann seine Zeit einteilen, sich rechtzeitig darauf einstellen und fühlt sich nicht bevormundet.

Jede Zeit- und Arbeitsplanung ist nur so gut wie die Konsequenz, mit der sie eingehalten wird. Seien Sie also strikt!

Kündigen Sie immer an, was Sie vorhaben

Sagen Sie rechtzeitig Bescheid. Halten Sie ein, was Sie angekündigt haben. Lassen Sie sich nicht beirren. Wenn Ihr Partner im Beruf einen Termin hat, dann ist das unumstößlich. Wenn Sie am Donnerstag um 16 Uhr die Blumen umtopfen wollen, dann ist das unumstößlich. Sie haben es ja auch lange genug geplant. Hausarbeit und Kinderbetreuung werden vielfach auch deshalb nicht ernst genommen, weil man sie für Beiläufigkeiten hält. Lauter verschiebbare Dinge und wachsweiche Termine. Machen Sie da nicht mit!
Ihr Stunden- und Wochenplan hat mindestens das Gewicht eines Terminkalenders für die Schule, wenn nicht gar für den Chef. Seien Sie selbstbewußt!

Haushalt und Kinder halten einen schier endlos auf Trab. Wer sich nicht mit viel Selbstdisziplin und gehöriger Eigenliebe seine Pausen erkämpft, dem flattern bald die Nerven.

Die Woche im Überblick

Tag	Aufgaben
Montag	8.00 Uhr: Zahnarzt, Gerda besuchen mittags: Quark mit Erdbeeren 14.00 Uhr: Turnen, Buntwäsche, Vorräte nachsehen
Dienstag	Wohnzimmerfenster, Hemden waschen, Fahrkarten holen 14.00 Uhr: Klaus-Peter zum Kieferorthopäden, Schuhe für Anna, großer Salat mit heißer Fleischwurst zum Abendessen 20.15 Uhr: Film mit Doris Day
Mittwoch	Bad putzen, Treppenhaus, Handwäsche mittags: Lauchauflauf, Gärtnerei 16.00 Uhr: Peter abholen, Shopping
Donnerstag	9.00 Uhr: Friseur mit Oma, bügeln 15.00 Uhr: Dr. Bayer 17.00 Uhr: Schwimmen, ab 19.00 Uhr frei
Freitag	vormittags: Supermarkt, Betten beziehen, Fenster putzen, Staubsaugen, Klaus-Peter abholen, Reinigung mittags: Gemüsesuppe, 18.30 Uhr: Kegeln
Samstag	Klaus-Peter wegbringen, Peter einkaufen mittags: Gemüsepizza, Arbeitsplan machen, Einkaufszettel, Schwimmen, Grillen bei Gerda
Sonntag	Vor 9.00 Uhr wird keiner wach! 9.30 Uhr: Brunch, Oma zum Kaffee abends: Uferspaziergang

Was die Liebe mit dem Kühlschrank zu tun hat

Wahrscheinlich denken Sie jetzt manchmal wehmütig an Ihre Zeit ohne Kinder zurück. Damals waren Sie und Ihr Partner noch unzertrennlich. Kaum etwas, was Sie nicht gemeinsam getan haben, bis hin zur Hausarbeit.

Wo ist die Zeit geblieben? Sex war eine Attraktion, von beiden gewollt und genossen. Viel Zeit zum Schmusen gab es damals, und es hat beiden Spaß gemacht. Selbst die Schwangerschaft war noch ein einziges Liebesabenteuer. Jetzt sieht es so aus, als ob eine Mauer zwischen Ihnen stünde. Jenseits Ihr Partner und sein Beruf, diesseits Sie, Ihr Haushalt und Ihre Kinder. Das Leben Ihres Partners hat sich nur wenig verändert. Vielleicht schreit manchmal nachts ein Kind. Aber Sie stehen ja auf und beruhigen es wieder.
Total verändert hat sich Ihr Leben, zumal wenn Sie noch bis zur Geburt berufstätig waren. Im Beruf gibt es geregelte Abläufe. Im Haushalt mit Kindern rumort ständig der Vulkan. Nur mühsam kriegt man alle Abläufe geregelt. Die Pausen erkämpft man sich – mittels Zeitpaketen –, oder man werkelt pausenlos. Im Beruf gibt es den Kollegenplausch. Zu Hause unterhält man sich mit den kleinen Kindern. Vielleicht redet man gelegentlich ein Wort mit der Nachbarin, aber währenddessen kocht bestimmt der Brei über, oder das Kind übt Kabellegen mit der Toilettenrolle.

Wenn aus dem Liebespaar ein Ehepaar und schließlich Eltern geworden sind, dann müssen Sie aufpassen, daß zärtliche Stunden zu zweit nicht Vergangenheit werden.

Während sich das Leben des berufstätigen Partners nur wenig verändert, findet der, dem Haushalt und Kinder obliegen, sein Leben völlig umgekrempelt vor. Nicht selten beneiden beide einander, weil sie nicht ausreichend übereinander Bescheid wissen.

Für alle eine völlig neue Situation

Abends kehrt der Partner aus dem Berufsleben zurück in der Hoffnung auf Spannungsausgleich und Ruhe. Gegen Harmonie hat er auch nichts einzuwenden. Wenn er zum Kühlschrank geht, um sich eine Flasche Bier für den Fernsehabend zu genehmigen, sehen Sie rot. Abend für Abend. Wenn Ihr Partner nach dem Fernsehabend (während Sie noch schnell die Wäsche abgehängt, das Kind zum fünften Mal ins Bett zurückgeschickt und den Frühstückstisch vorbereitet haben und was sonst noch zu tun nötig war) ausgeruht und entspannt ist, überkommt ihn Liebeslust. Das war schon so, als Sie noch ein Liebespaar und kein Elternpaar waren. Aber jetzt? Sie fühlen sich wie der Kühlschrank: rundum vereist. Was tun? Werden Sie sich darüber klar, was nervt.

Pflücken Sie auch dieses Knäuel auseinander

Sicher möchten Sie mit Ihrem Partner schlafen, aber unter welchen Bedingungen? Möchten Sie ihm vorher gerne von dem Tag erzählen, der Sie geplagt hat? Soll er Aufgaben übernehmen, die Sie entlasten? Welche? Wann, an welchem Tag, zu welcher Stunde? Wenn er genau informiert ist, wenn er weiß, warum und wozu und vor allem wie, dann wird er sich nicht entziehen. Wenn Sie nur sagen: »Mir ist alles zuviel«, dann wird er unsicher sein und gar nichts tun, weil er nicht weiß, wo er einsteigen kann. Wenn sich das Verhältnis zwischen Ihnen so verspannt hat, daß Ihre Eisschicht undurchdringlich geworden ist, dann machen Sie auch hier Zeitpakete. Was immer Sie tun, ohne das Reden mit Ihrem Partner schmilzt die Eisschicht nicht. Was wäre Ihnen zunächst am liebsten? Nehmen wir an, Sie fühlen sich abends so ausgelaugt, daß pures Schlafen, Schlafen ohne Liebe, für Sie das größte Geschenk wäre. Sagen Sie es Ihrem Partner. Sagen Sie ihm, daß er Sie – sagen wir 14 Tage – abends zu Bett bringen soll wie ein Kind. Und daß er wenigstens in dieser Zeit nachts nach dem Rechten sieht. So viel Entgegenkommen wird Sie nicht kaltlassen. Aber vielleicht brauchen Sie noch einmal eine Zeit, in der Sie nur schmusen möchten, nichts weiter. Sagen Sie es Ihrem Partner. Sagen Sie ihm, daß Sie nur in seinem Arm einschlafen möchten. Begrenzen Sie auch diese Zeit. Erklären Sie Ihrem Partner, wie Sie sich fühlen.

Ohne Erklärung kann Ihr Partner nichts wissen

Er nimmt fälschlich an, daß Sie jetzt in Haushalt und Kinder verliebt sind anstatt, wie früher, nur in ihn. Sagen Sie ihm, was an Ihren Nerven zehrt. Männer sind in der Regel gute Organisatoren. Vielleicht schnüren Sie Ihre Zeitpakete ja ganz einfach gemeinsam!
Je mehr Verständnis Sie bekommen, desto inniger wird Ihre Sehnsucht nach sexueller Gemeinsamkeit werden, wenn auch nicht sofort und gleich, z. B. wenn er

- Flaschen zum Container bringt
- Blumenerde besorgt
- Sauerkirschen besorgt
- Mit Einkaufszettel (ohne Kinder) zum Supermarkt fährt
- Das Treppenhaus putzt
- Das Kellerregal repariert
- Jonas Fahrradstützen abmontiert.

Je mehr der Kühlschrank auftaut, desto entlastender wird die Beziehung zum Partner. Und vielleicht bringen Sie ja Ihren Partner – durch Reden und Planen – nach einer Weile dazu, das Bier eine Stunde länger im Kühlschrank zu lassen, um es dann mit Ihnen gemeinsam zu genießen. In dieser Stunde aber, in der er das Bier verschiebt, delegieren Sie an ihn die Aufgaben, die für Männer eher entspannend sind.

Auch Liebe und Gemeinsamkeit als frischgebackene Eltern wollen gelernt sein. Nach der Geburt eines Kindes muß sich jedes Paar wieder neu zusammenfinden.

Generell kann man nicht sagen, was es ist. Mancher Vater genießt Baden, Wickeln und Füttern. Andere sehen da lieber zu und halten es mit harter, männlicher Arbeit wie Staubsaugen oder Zum-Supermarkt-Fahren. Besprechen Sie mit Ihrem Partner, wie er Sie nach der Rückkehr vom Beruf eine Stunde unterstützen kann. Seien Sie konsequent. Und nörgeln Sie nicht an ihm herum. Er macht es so, wie es ihm richtig erscheint.

Vergraulen Sie seine Hilfe nicht durch Besserwisserei

Es braucht eine Weile, bis aus dem Elternpaar wieder das unschlagbare Team geworden ist, das es vor dem Kinderkriegen noch war. Liebespaare sollten sich beizeiten darüber klarwerden, wie es weitergeht, wenn sie Eltern sind.

Mag sein, daß Ihr Partner sich mit vielen Tätigkeiten erst langsam vertraut machen muß, während Sie schon in die Meisterklasse aufgestiegen sind. Lassen Sie ihm dazu Zeit! Erinnern Sie sich noch an die Zeit, als Sie berufstätig waren und keine Kinder hatten? Hätten Sie geahnt, was das von Ihnen tagtäglich verlangt? So geht es jetzt Ihrem Partner. Er hat keine Ahnung von Ihrem jetzigen Leben. Klären Sie ihn auf. Lassen Sie ihn teilhaben. Abends eine Stunde und viele Stunden am Wochenende.

Planen Sie Ihren Haushalt so, daß zunächst ein freier Abend für Sie beide herausspringt, und wenn es auch nur einmal im Monat ist. Sie brauchen das, um an Ihre Flitterwochenliebe wieder anzuknüpfen. Ein Babysitter ist auffindbar (Studenten, Senioren, Nachbarn).
Später brauchen Sie beide ab und zu auch einmal einen Abend für sich allein, um vernachlässigte Interessen wiederaufleben zu lassen und Freundschaften zu pflegen. Reden Sie sich nicht gegenseitig ein, daß bei Ihnen so etwas nicht notwendig ist. Planung ist alles. Ungeplant reiht sich ein randvoller Tag an den anderen und macht müde und unzufrieden bis zum Kragenplatzen. Sobald Sie eine Struktur erkennen, werden Ihre Nerven sich spürbar erholen. Es lohnt sich also, die Zeit für die Zeitpakete und Arbeitspläne zu investieren!

Meine Nerven, deine Nerven . . .

Wenn uns alles zuviel wird, wenn über uns die Wellen zusammenschlagen, wenn wir spüren, daß unsere Nerven hauchdünn sind und in Kürze reißen, wie geht es dann eigentlich unseren Kindern? Wie fühlt sich ein Kind, wenn es angebrüllt wird? Wenn uns an den Kindern kleine Dinge reizen, schlucken wir meist den Ärger hinunter, um keine Krise heraufzubeschwören. Unser Kind glaubt, daß alles in Ordnung ist – und macht weiter. Es sind alles nur Kleinigkeiten, aber die Summe macht es! Irgendwann fahren wir dann aus der Haut.

Das Maß ist voll

Unser Kind wird angebrüllt, vielleicht bekommt es sogar einen Klaps. Den Klaps, das Geschrei und Geschimpfe bringt es mit dem Augenblick in Verbindung, in dem es geschah. Was davor war, hat es längst vergessen. Als es den Klaps bekam, hatte es gerade etwas ganz Normales getan, etwas, was es sonst auch tut. Wie soll es das jetzt begreifen? Je nach Temperament oder augenblicklicher Gemütslage wird es jetzt aggressiv aufbegehren oder die Aggression runterschlucken und stumm leiden.

Haben Kinder auch Nerven?

Wenn wir Kinder mit Erwachsenen vergleichen, dann haben sie sicher genauso ein Nervenkostüm wie wir, nur nervt sie anderes, als uns in der Regel nervt.

Eine empfindliche Kinderseele ist schnell enttäuscht. Nehmen Sie Rücksicht – schließlich verstehen die Kleinen noch nicht alles.

Das Kind ist sich keiner Schuld bewußt. Was eine Kettenreaktion ist, davon hat es keine Ahnung.

Wenn Kindern etwas an den Nerven zehrt, reicht oft ihr Sprachschatz nicht aus, um uns klarzumachen, daß sie irritiert und verunsichert sind.
Sie wehren sich auf Kinderart: Aggression, Gebrüll, Geschrei.

Kinder können mit Lärm sehr gut umgehen. Wenn in der Nachbarschaft ein Radio superlaut dröhnt, geht uns das auf die Nerven. Es ist nicht die Musik, das musikalische Geräusch, das uns nervt, sondern die Wahrnehmung einer Unverschämtheit. Wir selbst stellen unser Radio zimmerlaut und halten unsere Kinder dazu an, niemanden durch Lärm zu belästigen. Und nun dreht in der Nachbarschaft jemand voll auf. Das ist eine Frechheit, und eine Frechheit nervt. Ein Kind aber hört sich die Musik unter dem Aspekt »gefällt mir – gefällt mir nicht« an.

Kampfgeschrei zehrt an den Nerven

- Was denken die Nachbarn?
- Was geht da zu Bruch?
- Dieses Kind ist kein Umgang für mein Kind!
- Soll ich mich einmischen?
- Soll ich mich raushalten?
- Nicht auszudenken, was da alles passieren kann!

Es ist nicht die Situation, die uns nervt, sondern die Art und Weise, wie wir die Situation einordnen. Zu einem anderen Zeitpunkt, wenn wir bester Stimmung sind, die Freundin gerade mit uns Kaffee trinkt und die Sonne durchs Fenster lacht, mag noch soviel Geschrei aus dem Kinderzimmer dringen. Es nervt nicht. Vielleicht sagen wir zu der Freundin: »Hoffentlich überlebt wenigstens einer!« Wenn Ihr Kind wahrnimmt, daß Sie und Ihr Partner sich streiten, laut werden, dann geht es ihm nicht auf die Nerven in unserem Sinne. Es weiß nicht Bescheid und wird unsicher.

Kinder brauchen kindgerechte Erklärungen

Wenn Sie ihm dann sagen, daß der Papi ein größeres Auto möchte und Sie dagegen sind, weil Sie lieber einen

Wäschetrockner hätten, dann können Sie so laut weiterstreiten, wie Sie wollen. Ihr Kind begreift den Streitpunkt und auch, daß es laut und heftig zugeht. Wenn es dann anschließend die Versöhnung miterlebt, zehrt so ein Partnerkrach nicht an seinen Nerven.

Was aber zehrt?

Vieles zehrt an den Kindernerven, und zwar dann am meisten, wenn wir ihnen kompromißlos unsere Sichtweisen überstülpen und obendrein noch verlangen, daß sie sich klaglos fügen. Kein Erwachsener würde das tun. Warum verlangt man es dann von Kindern? Erwachsene sollten sich gelegentlich an ihre eigene Kindheit erinnern. Was hat weh getan, was hat völlig unnötig gestört? Warum tue ich dasselbe meinen Kindern an? Wie kann ich meine Einstellung zum kindlichen Verhalten ändern? Aber ging es nicht eigentlich um Ihre Nerven? Wozu also aufzählen, was Kinder nervt?
In einer Familie gibt es keine isolierten Nerven. Es gibt nur immer meine, deine und unsere Nerven. Man kann in einer so kleinen Gemeinschaft, wie eine Familie sie darstellt, nicht beständig einem anderen auf den Nerven herumtrampeln und glauben, die eigenen schonen zu können. Viel eher gilt der Grundsatz: »Schonst du meine Nerven, schon ich deine!« Oder anders ausgedrückt: »Laßt uns Strategien entwickeln, wie wir alle miteinander unsere Nerven schonen können!«

Respektieren Sie Kinder stets wie Erwachsene. Sie sind eigenständige kleine Menschen, die ein Recht auf Erklärungen und eigene Meinungen haben.

Was sonst noch an den Nerven zehrt

Nicht selten zehren wir selber am allermeisten an den Nerven: Fünfe dürfen niemals grade sein! Unser eigener Perfektionismus stellt sich uns in den Weg, wann immer wir es zulassen. Jetzt, da wir nur Haushalt und Kinder

Tragen Sie Ihren Kindern nicht alles hinterher! Sie sind nicht für die Vergeßlichkeit Ihrer Kinder verantwortlich. Und Kinder lernen am schnellsten aus ihren Fehlern.

versorgen, setzen wir uns selbst unter Druck. Wir müssen zeigen, wie perfekt wir sind. Kommt dazu noch stundenweise oder ganztägig der Beruf, müssen wir den doppelten Beweis antreten: Wir sind daheim und draußen unschlagbar! Wären wir es nicht, würde uns unser schlechtes Gewissen nahezu auffressen. Also legen wir uns ins Zeug, Barmherzigkeit uns selbst gegenüber kennen wir nicht. Das zehrt an den Nerven.
Ich weiß noch, als ich aufgehört habe, die Bettwäsche zu bügeln. Jeder Gast, der sich hineinlegen mußte, bekam meine Entschuldigung zu hören. Bis mir eine Amerikanerin einmal sagte, wenn sie sich zum Bügeln entschlossen hätte, wäre sie nie Professorin geworden. Ab da hörte ich mit meinen unsinnigen Entschuldigungen auf. Niemand hat einen Profit davon, wenn wir perfekt sind. Aber den Nachteil bekommen alle zu spüren: Die Nerven flattern.

Perfekte Mütter wollen perfekte Kinder

Wir tragen lieber zehnmal den Turnbeutel in die Schule, ehe wir es zulassen, daß der Lehrer unserem Kind Schlampigkeit bescheinigt. Dabei wäre es für unser Kind entschieden nützlicher, selber Strategien zu entwickeln, um an den Turnbeutel zu denken. Wenn man ihn abends von innen an die Haustür hängt, kann man ihn morgens schlichtweg nicht vergessen. Weiß man aber, daß der Sklave ihn sowieso in die Schule bringt, wozu dann selber nachdenken?

Störende Nachbarn

Nachbarn können einem schrecklich auf den Geist gehen. Wenn das Kind nachts schreit, bringen sie es fertig, erbost an die Wand zu klopfen. Sie fühlen sich von Bällen, Fahrrädern und Fußabdrücken gestört. Wenn eine

Einladung zum Kaffee und ein Gespräch, wenn gelegentliche Blumensträuße nicht helfen, muß man lernen, solche Leute zu ertragen.
Wie immer, wenn man einen Menschen oder eine Situation nicht verändern kann, muß man Strategien entwerfen, um damit zu leben, ohne Magengeschwüre zu bekommen. Zu Humor und Gelassenheit gibt es keine Alternative, auch nicht zu Geduld und Lächeln. Es sind wirklich Tugenden im Goldrahmen. Vielleicht freunden Sie sich ja damit an und finden dann, daß Ihre Nachbarn ziemlich komische Käuze sind, bei denen Mitleid angebrachter ist als Zorn und böse Worte.

Fehlende Kontakte

Wenn man ein Baby hat und vielleicht noch ein Kleinkind, stagniert mancher Kontakt, der früher einfach zum Leben dazugehörte. Die Eltern sind die ersten Wochen nach der Geburt oft zu sehr mit sich, mit dem Neugeborenen und der neuen Situation beschäftigt. Dabei ist es jedoch wichtig, Freunden und Bekannten zu erklären, daß dieser Rückzug nur kurzfristig ist und daß Sie gerne den Kontakt weiterpflegen, wenn die erste Hektik vorbei ist.
Es kann aber auch sein, daß sich die Freunde angesichts der veränderten Situation zurückziehen. Wer selbst keine Kinder hat, zögert oft, Kontakt zu Leuten aufzunehmen, die gerade Vater oder Mutter geworden sind. Häufig nehmen sie an, sie seien ganz einfach nur Störenfriede. Dazu kommt, daß sie beim Thema »Kinder« nicht mitreden können und meinen, sie seien im Augenblick nicht gefragt. Auch hier hilft oft schon ein klärendes Gespräch. Das Fehlen von Sozialkontakten zehrt ganz besonders an den Nerven. Man kommt sich wie auf einer Insel vor. Vermeiden Sie schon im Vorfeld, daß es soweit kommt. Werden Sie aktiv!

Manche Mütter ziehen sich in ihr Schneckenhaus zurück und warten stumm und verdrießlich darauf, daß jemand anklopft und hineinmöchte. Was sie lernen müssen, ist dies: Rausgehen und selbst Kontakte knüpfen!

Wenn sich eine Frau nur noch als Mutter sieht, die wachsende Familie mehr Geld braucht und nur noch ein Verdiener da ist, fühlt sich so mancher Mann zur Karriere gedrängt. Vorsicht!

Ein ratloser Partner

Es wurde schon an anderer Stelle gesagt, wie schwer es für den Partner ist, von seiner schönen Rolle als einziger Geliebter der Frau Abschied nehmen und nun unentwegt teilen und nochmals teilen zu müssen. Darauf war er nicht vorbereitet. Darauf ist niemand vorbereitet. Für viele Väter ist schon die Stillzeit eine quälende Episode. Sie lieben ihr Kind, aber sie neiden ihm – tief innen – diesen schönen Teil ihrer Geliebten. Sie müssen außerdem feststellen, wie innig Mutter und Kind sich miteinander beschäftigen. Das tut, wenn auch meist unbewußt, ebenfalls weh. So stürzen sie sich oft ins Geldverdienen, auch mit der Begründung, daß jetzt, in der Tat, mehr Hungrige satt werden müssen. Und fortan haben sie ein Alibi, wenn der Beruf sie auffrißt und von der Familie fernhält.

Väter, die regelmäßig im Haushalt mithelfen, sind ein gutes Vorbild für ihre Kinder, und sie können die Arbeit ihrer Frau besser würdigen.

Vielleicht denkt Ihr Partner an eine größere Wohnung, an ein größeres Auto, an Haus und Garten. Ohne ein wenig Karriere schafft er das aber nicht. Also stellt er sich beruflich voll auf die Zehenspitzen. Wenn er nach Hause kommt, läuft nichts mehr. Wenn er Vorwürfe anhören muß, ist er vollends ratlos. Was er tut, tut er für die Familie. Warum versteht ihn niemand?

Wie man heilsame Kompromisse schließt

Glück dauert immer nur einen kurzen Augenblick, und Idealzustände gibt es auch nur in kleinen Portionen. Wenn man also die sinnlose Suche nach dauerndem Glück und anhaltenden Idealzuständen aufgibt, muß man die Kunst des Kompromisseschließens erlernen. Bei einem Kompromiß bekommt jeder einen Teil statt des erwarteten Ganzen. Die Vorstellung, man hätte auch leer ausgehen können, während der andere das Ganze erhält, läßt einen mit dem Teil recht zufrieden sein. Man kann nicht früh genug lernen, Kompromisse zu schließen, weil Kompromißfähigkeit das Zusammenleben ganz entscheidend erleichtert.

Kompromisse beruhigen

Kompromisse wirken sich heilsam auf die Nerven aus. Und da bietet sich als erster heilsamer Kompromiß das Arrangement im Haushalt an, indem Sie Zeit und Pensum genau dosieren. Planloses Tun, kopfloses Hineinstürzen arten immer in ein Zuviel aus.
Und stellen Sie sich täglich die Frage: Wer profitiert davon, wenn man von meinem Fußboden essen kann? Wenn meine Fenster so blank sind, daß die Vögel dagegenfliegen, weil sie das Glas nicht erkennen? Wenn meine Wäsche so weiß ist, daß es weißer einfach nicht geht?

Der Haushalt ist kein Kunstwerk für entzückte Besucher, sondern eine Ansammlung von Instrumenten und Abläufen, die dem leiblichen Wohl dienen. Es ist völlig unsinnig, auf einen ständig vorzeigbaren Haushalt stolz zu sein.

Kein vernünftiger Mensch profitiert davon, wenn Sie sich über Gebühr strapazieren.

Schließen Sie einen heilsamen Kompromiß mit sich selbst

- Tun Sie mehr für sich!
- Trödeln Sie mal wieder!
- Gönnen Sie sich ein duftendes Bad am hellichten Tag!
- Gehen Sie ins Café, und blättern Sie Illustrierte durch!
- Lassen Sie fünfe grade sein!
- Servieren Sie Ihren Lieben mal wieder Pellkartoffeln und Quark statt eines aufwendigen Menüs!
- Machen Sie am Sonntag Frühstück statt Mittagessen!
- Ziehen Sie Ihren Lieben nicht dauernd frische Wäsche an!
- Und überlegen Sie sich, wie Sie diese Liste für Ihre speziellen Bedürfnisse fortsetzen können!

Schließen Sie auch Kompromisse mit dem Partner

Wer immer nur heimlich schuftet und niemandem Einblick gewährt, muß sich nicht wundern, wenn seine Arbeit nicht richtig wahrgenommen wird. Was liegt da näher, als seine Arbeitspläne öffentlich auszuhängen?

Je nach Art der Berufstätigkeit wird Ihr Partner zu Kompromissen bereit sein, wenn Sie es verstehen, ihm ohne Emotionen oder gar Vorwürfe einen Teiljob in Ihrem Haushalt anzubieten. Lassen Sie ihn aus Ihrer Liste der »Arbeiten im Angebot« selbst heraussuchen, was er tun möchte und zeitlich bewältigen kann. Es ist allerdings kein Kompromiß, wenn er sich nur die Filetstückchen aus dem Arbeitsangebot holt. Bringen Sie also auch den Mut auf zu sagen, daß Ihnen diese oder jene Arbeit zu schwer ist (weil sie vielleicht »ins Kreuz geht«) und Sie froh wären, wenn der Partner Ihnen diesen schwierigen Teil regelmäßig abnimmt.
Vorteilhaft ist es natürlich, wenn Ihr Partner Ihrem Arbeitsplan selbst entnehmen kann, was noch unerledigt ist. Da er weiß, daß es einer von Ihnen tun muß, wird er

es dann höchstwahrscheinlich selbst tun. Verlangen Sie nie von Ihrem Partner, daß er Ihre unausgesprochenen Bitten erfüllt. Diktieren Sie ihm auch nicht, was er gefälligst tun soll. Schließen Sie lieber heilsame Kompromisse, indem er wählen kann, was Vorrang hat, was ihm ganz persönlich liegt und was Sie erleichtert.

Arbeit aufteilen ist problematisch

Mir erzählte einmal eine junge Mutter von ihren Erfahrungen mit der Liste »Arbeiten im Angebot«. Der Partner hatte die Spülmaschine unter seine Fittiche genommen. Als erstes verbat er sich, daß irgend jemand, außer ihm selbst, die Spülmaschine einräumen durfte. Das Geschirr mußte tagsüber gestapelt werden.
Als nächstes begann ein Umrücken der Möbel. Er sortierte die Schrankinhalte um. Alles, was aus der Spülmaschine kam, mußte ganz in der Nähe untergebracht werden. Kein Schritt, kein Handgriff zuviel.

Mit Kompromissen leben

Die junge Mutter mußte jetzt ein paar Schritte weiter laufen, wenn sie Nudeln, Mehl oder Kartoffeln brauchte. Zunächst war sie mit dem Kompromiß sehr zufrieden. Das Geschirr hatte sie delegiert.
Eines Tages schrieb sie jedoch auf die »Arbeiten im Angebot-Liste«: Küche neu strukturieren. Ihr Partner war Feuer und Flamme. Er hatte schon insgeheim gehofft, daß diese Arbeit auf ihn zukommen würde. Als das Werk getan war, wuchs das Interesse des Mannes an der Handhabbarkeit der Küche. Er mußte erneut überprüfen, ob alles logisch und praktisch war. Schweren Herzens überließ die junge Frau ihrem Mann die Küche, die er bald wie ein kleines Unternehmen führte. Aber so sind Kompromisse nun mal: Man bekommt nur einen Teil.

Manche Väter bevorzugen »harte« Männerarbeit, andere sind glücklich, wenn sie auch mal wickeln dürfen. Da es reichlich zu tun gibt, bleibt für jeden im Haushalt sicherlich seine Lieblingstätigkeit konkurrenzlos bestehen.

Kinder haben einen ausgeprägten Sinn für Gerechtigkeit. Aber sie müssen auch behutsam in die hohe Kunst der Kompromisse eingeweiht werden.

Ungerechtigkeiten sind nicht immer spektakuläre Taten. Manchmal erscheinen sie nur ungerecht. Aber sie werden vom Kind als Ungerechtigkeiten wahrgenommen und tun ihm weh. Da helfen nur Trost und ein klärendes Gespräch.

Kinder, Konflikte und Kompromisse

Ungerechtigkeiten

Ungerechtigkeiten wird kaum jemand mit Absicht begehen. Sie passieren völlig unbeabsichtigt, treffen aber gleichwohl das Kind an seiner empfindlichen Seite. Was sind Ungerechtigkeiten? Manchmal sind sie so subtil, daß man fast sagen könnte, das Wort trifft gar nicht zu. Ich war zu Besuch bei einer Familie mit mehreren Kindern: das älteste etwa sieben, das nächste sechs und dann abwärts bis zum Stillkind. Der Sechsjährige hatte den Tisch gedeckt und übersehen, daß ein Besuch Bestecke braucht, weil niemand ihm die Brote macht. Als mir dies und das fehlte, bat ich den Sechsjährigen, der überdies am Ende der Bank saß und am leichtesten aufstehen konnte, mir zu helfen. Beim drittenmal lief der Siebenjährige rot an, schob Tasse und Brettchen beiseite und flüchtete unterm Tisch durch ins Freie.

Was war geschehen?

Der Älteste hatte sich von mir übergangen gefühlt. Er dachte, ich würde nur seinen Bruder mögen, weil ich ihn mehrfach um etwas bat. Gewiß sind nicht alle Kinder so sensibel. Aber wenn man ein Kind hat, das sich so leicht ungerecht behandelt fühlt, dann muß man Kompromisse schließen. Ich konnte den Siebenjährigen im Laufe des Nachmittags dann wieder für mich gewinnen, indem ich zwischen den beiden rivalisierenden Brüdern beständig die Goldwaage benutzte.

Ein Kind hat keine objektiven Maßstäbe

Die erwirbt es sich erst durch viele Erfahrungen mit dem gerechten oder ungerechten Verhalten der Erwachsenen. Wenn es sich aber subjektiv ungerecht behandelt fühlt, dann tut das weh. Und dann muß man nachfragen und erklären und sich notfalls entschuldigen.
Nur dazu muß man miteinander reden. Ein Kompromiß ist immer ein sprachlich ausgehandeltes Entgegenkommen auf halbem Wege. Ein Beispiel: Ein Kind probiert die neue Haustürklingel aus, weil die so schön klingt. Die Mutter verbietet das mit den Worten: »Ich möchte nicht, daß du das tust!«
Kurz darauf klingelt es wieder. Die Mutter ist erbost und schlägt dem Kind auf die Hand. Dabei hat es gar nicht geklingelt. Der Schornsteinfeger möchte hereingelassen werden. Das Kind ist tief gekränkt. Es zieht sich weinend zurück oder wirft sich auf den Boden vor Zorn. Der Konflikt ist da.

Ein Kind kann durchaus den anderen Standpunkt verstehen und lernen, diesen Standpunkt mit dem eigenen zu vergleichen.

Was kann die Mutter jetzt tun?

Sie sollte sich dem Kind liebevoll nähern und sagen, daß es ihr leid tut mit dem Klaps: »Der Schornsteinfeger hat geklingelt, und ich dachte, du bist es wieder.« Die Ungerechtigkeit ist nicht ungeschehen gemacht, aber besprochen und bedauert worden. Aber die Frage ist: Hätte es im Vorfeld nicht vielleicht einen Kompromiß geben können? Wenn der neue Gong eine so große Attraktion ist, weil er so schön klingt, ist es dann zuviel verlangt, wenn ein Kind das nicht auskosten darf? Und außerdem: Wer nimmt Schaden, wenn das Kind klingelt?
Der Kompromiß hätte folgendermaßen aussehen können: Die Mutter stellt sich außen vor die Tür, und das Kind klingelt, bis es »satt« ist. Wenn kein Widerstand da ist, werden Kinder zudem viel schneller »satt«…

Und dann hätte die Mutter sagen können: »Jetzt machen wir Schluß, sonst klingelt am Ende jemand anderer, und wir merken es gar nicht.«

Kompromisse können manches verhindern

Z.B. Stubenbrände. Kinder sind an Streichhölzern interessiert. Vor lauter Feuerangst bekommen sie schon eine gelangt, wenn man in ihrer Hand oder Hosentasche Streichhölzer entdeckt. Sozusagen eine Ohrfeige als Brandverhütung! Ein Kompromiß hilft auch hier, Ungerechtigkeiten – und Brände! – zu verhindern. Wenn das Kind Interesse am Feuer zeigt, ein überaus normales Interesse, dann muß man diese Neugier befriedigen. Die Menschheit kam einen ungeheuren Schritt voran, als sie das Feuer entdeckte. Erzählen Sie Ihrem Kind davon. Und lassen Sie es üben, wie man Feuer macht und Feuer löscht. Das kann im Freien sein, das kann man zu Hause in einem Eimer probieren. So befriedigt das Kind seine elementare Neugier und lernt, daß Feuer Aufsicht braucht und gefährlich ist. Und es lernt, wie man es wieder löscht.

Konsequenz ist entscheidend

Heute etwas dürfen, was morgen verboten ist, verunsichert ein Kind. Das unerwartete Verbot empfindet es als Ungerechtigkeit. Dagegen begehrt es auf.

Ein Kind fühlt sich auch ungerecht behandelt, wenn es heute darf, was ihm morgen untersagt wird. Auf diese Weise bereiten Eltern den nervenzehrenden Aufstand selbst vor. Anna darf täglich nach dem Essen Schokolade essen. Nun kommt aber die Großmutter zu Besuch. Sie steht auf Rohkost und ist gegen jede Form von Zucker. Diesmal darf Anna nach dem Essen keine Schokolade haben. Da sie auf diesen Entzug nicht vorbereitet ist, gibt es einen Aufstand. Weil aber die Mutter nicht möchte, daß die Großmutter sie für eine wachsweiche Erzieherin hält, bleibt sie hart bis hin zum Klaps. Anna fühlt sich ungerecht behandelt und zeigt das auch lautstark.

Wäre ein Kompromiß im Vorfeld möglich gewesen?

Die Mutter hätte zwei Möglichkeiten gehabt: »Heute kommt die Oma, die regt sich auf, wenn du Schokolade ißt. Aber wir wollen keinen Krach und lassen sie weg. Dafür gibt es morgen das Doppelte.« Wenn ein Kind das verstehen kann, wird es keinen Konflikt geben. Wenn man einem Kind soviel Verständnis nicht abringen kann, muß man die Oma »leiden« lassen. Man muß ihr erklären, daß das Kind jeden Mittag nach dem Essen Schokolade bekommt, weil es sich hinterher sowieso die Zähne putzt. Basta. Aber ein Kind unvorbereitet in einen Konflikt zu schicken und dazu als Quittung noch eine Ungerechtigkeit draufzusetzen, das ist zuviel für die kleine Persönlichkeit.

Unzuverlässigkeit

Unzuverlässigkeit ist das Gegenteil von Verläßlichkeit, jener Verläßlichkeit, der man uneingeschränkt vertrauen kann, blindlings. Kinder brauchen Vertrauen, um ihre Fähigkeiten zu entwickeln und um Neues zu probieren. Verläßlichkeit ist für ein Kind Zuneigung, die durch nichts erschüttert wird. Aber wir müssen zugeben, daß wir ziemlich rasch erschüttert sind und daß unsere Zuneigung ebenso rasch aus dem Gleichgewicht gerät. Wenn das Kind an unseren Nerven sägt, wieder und wieder etwas zu Boden wirft, das Essen nicht mag, sich unterwegs vertrödelt, schlechte Noten nach Hause bringt, die Unwahrheit sagt, durch schlechte Manieren auffällt – wie zuverlässig ist unsere Zuneigung dann? Gilt nicht eher die Formel »Ich hab' dich lieb, wenn du lieb bist«? Dabei sägen Kinder oft nur an unseren Nerven, um herauszufinden, wo die Grenze ist. Kinder brauchen Grenzen, die ihnen sagen, wie weit sie gehen können. Jenseits der Grenzen fühlen sie sich nicht wohl. Überschreiten sie

Es ist irrig, wenn Eltern annehmen, sie dürften ihrem Kind nichts versagen, weil es sich dann ungeliebt fühlt. Oft ist ein Kind geradezu froh darüber, wenn wir ihm sagen: »Halt!« Nur dürfen wir im nächsten Moment nicht unsere Meinung ändern.

Eine sichere Grenze bewahrt das Kind davor, sich grenzenlos zu »verlaufen«. Es hat noch keine Maßeinheit, mit der es Risiken und Gefahren richtig einschätzen könnte. Je sicherer das Kind sich in der Welt zurechtfindet, desto mehr sind enge Grenzen verzichtbar.

die Grenzen, entziehen wir ihnen obendrein noch unsere Zuneigung. Das Kind ist verunsichert:

- Verunsichert durch die Grenzüberschreitung
- Verunsichert durch den plötzlichen Entzug der Zuneigung.

Unser Kind kann sich nicht mehr auf uns verlassen, wird unsicher und dann, vor lauter Unsicherheit, aggressiv, lästig, aufsässig, trotzig.

Was ist zu tun?

Nehmen wir an, ein Kindergartenkind braucht sieben Minuten für den – oftmals geübten – Heimweg. Die Begrenzung der Zeit veranlaßt das Kind, ohne Umwege nach Hause zu kommen. Das bedeutet Sicherheit. Würde es Umwege machen dürfen, könnte es bald nicht mehr abschätzen, wie weit und wie lange es unterwegs sein darf. Für die Mutter bedeutet das ebenfalls Sicherheit. Wenn das Kind nicht nach acht Minuten eintrifft, kann sie ihm entgegengehen.

Wenn Ihre Kinder auf dem Heimweg gebummelt und Sie sich um sie gesorgt haben, sollten Sie ihnen das erklären. Kinder testen oft die Geduld ihrer Eltern.

Und nun beginnt das Kind, seinen Weg zu dehnen. Mal um drei, mal um sieben Minuten. Das Kind hat zwar ein schlechtes Gewissen – eigentlich darf es das ja nicht –, aber ausprobieren, ob die Grenze unverrückbar ist, liegt einfach in der Natur eines Kindes. Zu seinem Erstaunen ist die Grenze – und damit die Mutter – ziemlich unzuverlässig. Sie muß also weiter getestet werden. Das Kind bringt die Grenzverletzung auf 20 Minuten und damit das Faß zum Überlaufen. Die genervte Mutter schlägt zu. Das Kind aber würde sagen: »Auf Mutter ist kein Verlaß!« Das Kind möchte eine sichere Grenze.

Eines Tages ist es soweit: Ihr Kind testet Sie! Jetzt kommt es auf Ihre Standfestigkeit an, andernfalls vermißt das Kind klare Regeln und Grenzen und fühlt sich verunsichert.

Mit Grenzverletzungen umgehen

Dauert der Heimweg also eine gute Minute länger, sollte man das Kind fragen, was so interessant war, daß die Zeit überschritten wurde. Dann weiß das Kind: Die Grenze besteht noch. Es muß sich danach richten. Aber auch hier läßt sich ein Kompromiß finden: Die Zeitgrenze muß ohne Wenn und Aber eingehalten werden. Aber das Kind darf noch einmal an den interessanten Punkt zurückkehren. Vielleicht zusammen mit der Mutter.
Eine Grenzverletzung ist immer ein Test. Sie ist ein Appell an unsere Zuverlässigkeit. Wir sind die verläßlichen Grenzhüter. Unsere Unzuverlässigkeit vermittelt dem Kind: Für mich interessiert sich niemand so richtig!
Das tut weh. Und wenn es weh tut, muß man Widerstand herausfordern, und der geht auf die Nerven!

Auslachen und für dumm verkaufen

Dies ist eine Form der Abwertung eines Kindes, die es nur sehr schwer verkraftet. Ein Daumenlutscher wird seinen Daumen nicht loslassen, nur weil ihn jemand auslacht. Im Gegenteil! Wenn ihn jemand auslacht, braucht

Nehmen Sie Kinder immer ernst! Selbst kleine Kinder können schlüssige Erklärungen begreifen. Lügen dagegen werden eines Tages entdeckt und irritieren.

er noch viel mehr Daumentrost. Ein Kind hört nicht auf zu schreien, wenn man ihm sagt, daß es die Leute auslachen. Es wird, vor lauter Zorn, sein Schreien noch gehörig steigern.

Nehmen Sie Kinder ernst

Wir verkaufen unsere Kinder für dumm, wenn wir ihre Fragen nur oberflächlich beantworten oder ihnen Erklärungen geben, die ganz einfach nicht stimmen. Wir sind eilig, aber das Kind will unbedingt bei einem Hund stehenbleiben. »Komm da weg, der beißt!« Wir wissen, daß der Hund bei diesem Abstand gar nicht beißen kann. Aber wir haben ein Argument, das zieht.
Doch irgendwann wird das Kind herausfinden, daß es für dumm verkauft wird! Und dann werden seine Tests einsetzen, auch da, wo gar kein Test notwendig ist – vor lauter Furcht, schon wieder für dumm verkauft zu werden. Ein Kind muß wissen, daß es ernst genommen wird. Das gibt ihm Sicherheit. Auch Vertrauen.

Warum kein Kompromiß?

Man bittet das Kind, jetzt schnell mitzukommen. Vielleicht ist es der Ladenschluß oder sonst ein Termin, der der Mutter im Nacken sitzt. Und dann verspricht man dem Kind: »Nach dem Termin schnappen wir uns den nächstbesten Hund und fragen sein Herrchen oder Frauchen, ob wir den mal streicheln dürfen.« Es versteht sich, daß man dieses Versprechen auch einhält. So lernt unser Kind, welch heilsame Sache ein Kompromiß ist.
Wenn Eltern sich streiten, mögen sie nicht gerne Erklärungen abgeben. »Warum weint die Mami?« Weil sie Bauchschmerzen hat! Nun wird das Kind vielleicht versuchen, die Mutter wegen der Bauchschmerzen zu trösten. Vielleicht holt es die Wärmflasche oder möchte ihr einen

Tee machen. Schießlich wird es abgeschüttelt, weil es lästig ist. Begreifen kann es das nicht. Es weiß aus eigener Erfahrung: Wer Bauchschmerzen hat, wird behandelt. Passiert ihm das öfter, wird es unsicher. Es begreift, daß es auf seine Fragen nur unzureichende Antworten erhält. Es wird also der Antwort nicht mehr sofort trauen, sondern testen. Und dieses Testen nervt. Es lohnt sich wahrhaftig nicht, einem Kind eine unwahre Antwort zu geben. Warum im Streitfall nicht sagen, was Sache ist? Dabei muß man keine Hintergründe aufdecken.

Kinder verstehen viel

Das Kind versteht, daß einem die Tränen kommen, wenn man sich ärgert. Es versteht auch, wenn man in besonderen, seltenen Fällen sagt: »Das kann ich dir jetzt beim besten Willen nicht sagen!« Kinder verstehen viel mehr, als uns manchmal recht ist. Aber sie verstehen es nicht, wenn wir sie zu täuschen versuchen oder ganz einfach für dumm verkaufen. Sagen Sie Ihrem Kind nicht, daß es noch zu klein ist, um diese oder jene Antwort zu bekommen. Erklären Sie ihm lieber den Sachverhalt so kindgerecht, daß es ihn trotz seines Alters versteht. Kompromißfähig wird ein Kind, wenn es nicht abgewiesen oder abgewertet wird, sondern unser ernsthaftes Bemühen erkennt, seine Auseinandersetzung mit der Welt zuzulassen und zu unterstützen.

Ein Kind verdient es, jeden Augenblick seines kleinen Lebens ernst genommen zu werden. Lassen Sie Ihr Kind spüren, welch ein wichtiger Mensch es für Sie ist.

Um Aufmerksamkeit betteln müssen

Dies demütigt das Kind und zehrt an den Nerven dessen, der angebettelt wird. Wem die Aufmerksamkeit von Vater oder Mutter sicher ist, muß nicht betteln. So ein Kind versteht es auch, wenn es kurzfristig einmal weniger Aufmerksamkeit erfährt, weil die Eltern intensiv be-

Stellen Sie sich ein Liebespaar vor, das sich zwischen vielen Leuten befindet. Sie können sich weder küssen noch Händchen halten. Trotzdem schenken sich beide beständig Aufmerksamkeit. Vergessen Sie nie: Ihr Kind ist grenzenlos in Sie verliebt!

schäftigt sind. Es kann sich dann zurücknehmen, weil es weiß, daß da gerade etwas sehr Wichtiges ist und daß es danach sofort wieder an der Reihe sein wird. Kinder, die in Sachen Aufmerksamkeit kompromißfähig sind, haben bereits ein beachtliches Rüstzeug für das Leben als Erwachsener erworben. Aber was tun, wenn sie nicht kompromißfähig sind, wenn sie dauernd Aufmerksamkeit brauchen und kein Mittel scheuen, Aufmerksamkeit zu erzwingen? Dann kann man davon ausgehen, daß sie der Aufmerksamkeit, die ihnen zuteil wird, nie wirklich sicher sind.

Kinder testen Eltern

Sie müssen dauernd testen, ob man auf sie aufmerksam wird, wie lange und wie intensiv. Und was sie tun müssen, um die Aufmerksamkeit zu steigern oder zu verlieren. Allein können sie keine Grenze ausmachen, deshalb wirken sie wie Grenzverletzer. Das erzeugt auf Dauer Ärger, Frust, das zehrt an den Nerven. Ein solches Kind möchte man am liebsten gar nicht mehr beachten.
Genau das ist das Salz in der Wunde des Kindes. Nun tut es alles, um dennoch Aufmerksamkeit zu bekommen. Es bettelt um Aufmerksamkeit, indem es eine Unartigkeit an die andere reiht. Schließlich kriegt es den Po voll, was ihm auch egal ist, denn das Ziel ist erreicht: Jemand ist aufmerksam geworden!

Was ist zu tun?

Das Kind braucht ein ausgewogenes Verhältnis zwischen gezielter Aufmerksamkeit und dem sicheren Empfinden, »notfalls« Aufmerksamkeit mühelos zu bekommen.
Mit anderen Worten: Ein Kind muß spüren, daß da ein Mensch ist, der ihm nicht nur zugetan ist, sondern direkt auch Anteil nimmt an allem, was es tut und sagt. Das

bedeutet keineswegs eine Einmischung. Es bedeutet eigentlich nur, stets eine Antenne für das Kind zu haben, es nicht aus dem Sinn zu verlieren.
Als meine Tochter noch klein war, stellte ich ihr oft eine Uhr in Sichtweite, auf der sie ablesen konnte, wie lange ich noch arbeiten mußte. Wenn es ihr zu lang wurde, schob sie einen Hocker neben mich und legte mir ein Bein in den Schoß. Ich kraulte dann wortlos ihr Bein, bis sie genug hatte und sich wieder trollte. Sie wußte, daß sie mich nicht stören durfte. Stören war sprechen. So erfand sie das wortlose Beinkraulen.

Erwachsene sind sehr erbost, wenn sie einen ungebetenen Ratschlag erhalten. Mit Kindern nimmt man es dagegen nicht so genau. Ständig werden sie mit ungebetenen Ratschlägen »erschlagen«.

Sich vollsaugen wie ein Schwamm

Kinder würden es sicher als sehr lästig empfinden, wenn wir sie ohne Unterlaß mit unserer Aufmerksamkeit ins Visier nähmen. Sie brauchen auch ihre stille Ecke, in die wir nicht hineingehen, nicht hineinhorchen. Sie brauchen aber auch unsere ungeteilte Aufmerksamkeit, wenn ihnen danach zumute ist. In dieser Spanne der Aufmerksamkeit saugen sie sich voll wie ein Schwamm. Mehr wollen sie gar nicht. Danach können sie teilen und sogar verzichten und geduldig warten.

Kinder können sich bestens allein beschäftigen. Aber sie brauchen zwischendurch ein Lob, Anerkennung und Hilfe.

Ohne Vorwarnung unterbrechen

Ohne Vorwarnung zu unterbrechen, würde Ihr Chef als direkten Kündigungsgrund betrachten. Stellen Sie sich vor, wie er hinter seinem Schreibtisch residiert, in Nadelstreifen selbstverständlich, die Unterschriftenmappe vor sich, den goldenen Füller schon bereit zur Unterschrift, da stürzen Sie herein, winden ihm den Füller aus der Hand, stoßen die Kaffeetasse um und sagen: »Jetzt aber mal schnell, mein Lieber! Hast du mich denn nicht rufen hören? War die Unterschriftenmappe wieder so interessant, daß du die Welt vergißt?«
Dann ziehen Sie ihn an einem Arm hoch und hinter sich her. Wohin, bestimmen Sie. Und wehe, wenn er meckert! Wer ist denn hier in Eile und weshalb? Wer versorgt denn die Mannschaft, damit es niemandem an irgend etwas fehlt? Sie natürlich! Und das gibt Ihnen das Recht, sich gegenüber Ihrem Chef so zu verhalten. Nein, gewiß nicht gegenüber Ihrem Chef. Auch mit Ihrem Partner würden Sie das nicht machen. So etwas macht man nur mit Kindern.

Ursache von Konzentrationsstörungen

Viele Konzentrations- und Ausdauerstörungen bei Schulkindern haben ihre Ursache in den dauernden Unterbrechungen, mit denen ihr Spiel im Kleinkindalter gestört wurde. Wer dauernd unterbrochen wird, verliert bald den Spaß an seiner Tätigkeit. Es lohnt sich nicht, sich zu konzentrieren, weil gleich wieder etwas geschieht, was einen aus dem Gleis wirft. Also lieber trödeln. Beim Trödeln ist jede Abwechslung recht.
Für Kinder ist Spielen die wichtigste Tätigkeit auf der Welt. Wichtiger als die Unterschriften für den Chef! Dabei darf man sie nicht stören. Geschieht es doch, wird das Kind quengelig oder aggressiv. Oder, was noch

Je besser Sie den Haushalt planen, desto mehr Zeit gewinnen Sie und Ihr Kind. Sie müssen dann nicht »mal eben« unvorhergesehen aus dem Haus stürzen und das Kind ohne Vorwarnung hinter sich herzerren. Das hilft Ihnen beiden, die Nerven zu schonen.

schlimmer ist, lustlos und passiv. Bald ist ihm alles langweilig oder zuviel. Es würde sich sogar damit zufriedengeben, Ihnen beim Spielen mit seinen Sachen zuzuschauen. Wenn sich ein Kind mit einer Sache beschäftigt, sollte man alles daransetzen, dieses Kind nicht zu stören. Natürlich gibt es feste Regeln, die das Kind in einen verläßlichen Rhythmus bringen sollen. Aber selbst die kann man lange genug vorher ansagen. Essen, schlafen, waschen, ausgehen und mit zum Einkaufen gehen sind vorhersehbare Ereignisse.

Zeit begreifbar machen

Wenn ein Kind noch nicht nach der Uhr sehen kann, weil es die Zeiger verwechselt oder die Zahlen noch nicht kennt, kann man einen Wecker einstellen oder eine Zeituhr und dem Kind vorher erklären, daß es noch spielen darf, bis die Uhr klingelt. Man kann auch eine Handglocke läuten, einmal als erstes Zeichen, dreimal, wenn das Spiel wirklich unterbrochen werden muß. Aber selbst dann muß man dem Kind noch Zeit lassen, damit das Spiel ausklingen kann. Es steckt ja noch voller Pläne! Wie beim Chef – genauso wichtig! Ein Kind, das sich selbst beschäftigen kann, gehört zur pflegeleichtesten Sorte, die man sich denken kann. Ein gestörtes Kind wird bald selber stören. Es wird sich langweilen und klebrig am Rockzipfel der Mutter hängen.

Spielen ist für Kinder genauso wichtig wie der Beruf für Erwachsene. Respektieren Sie das. Kinder, die sich mit sich selbst beschäftigen, sind besonders pflegeleicht.

Unnötige Hilfestellung

Sie zehrt erheblich an den Kindernerven. Sie macht zudem noch dumm. Wem dauernd der nächste Handgriff gezeigt wird, der kann seinen Verstand getrost ausschalten. Es wird ja für ihn gedacht. »Komm, ich zeig' dir, wie man's macht«, kriegt das Kind oft völlig ungebeten zu hören. »So machst du es verkehrt, hör lieber auf mich!« Dem Kind bleibt keine Chance, den eigenen Verstand einzuschalten und seine negativen oder positiven Erfahrungen selbst zu machen. Es ist kein Witz, wenn erzählt wird, das Kind habe eine Eisenbahn zu Weihnachten bekommen und seitdem spiele der Vater damit.

Kinder müssen üben dürfen

Wer hätte nicht gern ein Kind, von dem er sagen kann: »Es beschäftigt sich stundenlang selbst!«

Wenn das Kind nichts versuchen darf, damit ihm nur ja kein Irrtum unterläuft, dann verliert es die Lust und überläßt das Feld anderen. Kinder, die nicht durch Versuch und Irrtum an ihren Spiel- und anderen Sachen lernen dürfen, werden bis zur Handlungsunfähigkeit lahmgelegt. Oder sie reagieren aggressiv und zerstörerisch. Beides zehrt an den Nerven der Erwachsenen.

Wenn man möchte, daß ein Kind allein spielt, darf man es nicht – auch nicht durch gutgemeinte Hilfe – bei seinem Spielen stören. Ist es so schlimm, wenn ein Kind zwei Zettel zusammennagelt? Es wird irgendwann seine Technik ändern. Vielleicht weiß es aber auch schon längst, daß Klebstoff das Mittel der Wahl wäre. Es wollte aber nageln. Was ist so verkehrt daran?

Ein echter Kinderkompromiß

Wenn Ihr Kind eine Frage hat, kommt es zu Ihnen, und Sie machen Vorschläge. Dann sucht sich das Kind einen Vorschlag aus. Papierzettel kann man zusammennageln. Man kann sie auch zusammennähen. Man kann sie sogar so falten, daß sie zusammenbleiben. Und man kann sie mit Tubenkleber, mit einer Kleberolle oder Heftpflaster zusammenkleben.

Betrügen Sie Ihr Kind nicht um seine Phantasie und seine kreativen Einfälle, nur weil Sie die einzig wahre Lösung gepachtet haben. Lassen Sie es probieren, nachmachen,

was es schon einmal irgendwo gesehen hat. Und seien Sie zur Stelle, wenn es von sich aus mit Fragen oder Bitten kommt. Aber stülpen Sie ihm nichts über. Machen Sie Angebote. Und dann lassen Sie es wählen.
Das hier Gesagte gilt für alle unnötigen Hilfsangebote, sei es beim Essen, auf dem Spielplatz oder beim An- und Auskleiden. Ein selbständiges Kind ist mit seiner Umwelt einverstanden. Sein Selbstbewußtsein wächst. Und es ist viel zu beschäftigt, um Sie zu stören.

Es stärkt die kindliche Phantasie und Kreativität, wenn es ungestört probieren und Fehler machen darf. Gefahren kann man mit dem Kind besprechen und mit ihm zusammen nach Lösungen suchen.

Geliebte Dinge wegwerfen

Dies ist eher ein krimineller Akt, als daß es irgend etwas mit Ordnung zu tun haben könnte. Was heben wir nicht alles auf! Schuhe und Kleider könnten wieder in Mode kommen, alte Briefe könnten wir noch einmal lesen wollen. Schachteln, Blumentöpfe, Wollreste, Autozubehör – geben wir es offen zu: Die Wohnung wäre fast leer, wenn wir alles wegwerfen würden, was wir nicht täglich brauchen. Oder brauchen Sie täglich 40 Handtücher, 20 Tassen, 30 Gläser und unzählige Messer und Gabeln?
Offenbar wird der Mensch als Sammler geboren, und er kann nicht besonders viel tun, um von dieser entwicklungsgeschichtlichen Stufe herunterzukommen. Und weil das so ist, täte es uns entsetzlich weh, wenn sich ein Riese auf den Weg machen würde, um endlich einmal Licht in das Dunkel unserer Sammelleidenschaft zu bringen. Stellen Sie sich vor, eines Tages kommen Sie nach Hause und sind befreit von allem unnützen Plunder.

Würde Ihnen das gefallen?

Unseren Kindern gefällt es keineswegs, wenn wir den Riesen spielen, der darüber befindet, was für sie nützlich oder unnütz ist. Wissen Sie, was Ihrem Kind der einarmi-

Mancher Teddy wird verschenkt oder wandert in den Müll, weil das Kind schon so groß ist und das Spielzeug vom Erwachsenen als »unnütz« eingestuft wird. Merke: Unnütz ist immer nur das, was der jeweilige Besitzer selbst nicht zu nützen vermag.

ge Teddy wirklich bedeutet? Was ihm das Auto ohne Räder wert ist? Wie es sein zerrissenes Malbuch liebt und die alte Schuhschachtel und den Brummkreisel, der schon längst nicht mehr brummt? Nun könnten Sie einwenden, daß Sie gelegentlich nur das wegwerfen, was Ihr Kind sowieso nicht mehr beachtet. Aber wie oft beachten Sie gewisse Habseligkeiten, an denen Ihr Herz hängt? Möchten Sie, daß jemand Ihr altes Poesiealbum wegwirft oder Ihr Tagebuch, nur weil Sie es in den letzten fünf Jahren kein einziges Mal angeschaut haben?

Besitz ist zu respektieren

Besitz gehört zum Menschen und macht einen Teil seiner Persönlichkeit aus. Bei Kindern ist das nicht anders. Nur denken Kinder und Erwachsene völlig verschieden über Besitz. Macht ein Kind oft die Erfahrung, daß ihm geliebte Dinge einfach so abhanden kommen, wird es wenig Neigung zeigen, die geliebten Dinge anderer zu achten. Ein Kind lernt schon sehr früh, daß das, was ihm selbst

Der Lieblingsteddy ist zu respektieren, auch wenn Ihr Kind in ein paar Jahren nicht mehr damit spielt und er dreckig ist. Kinder haben ein Recht auf Besitz.

widerfährt, auch mit anderen zu tun hat. Wenn Sie ein kompromißfähiges Kind wollen, tun Sie ihm nichts an, was Sie bei sich selbst nicht dulden würden.
Wenn Sie möchten, daß Ihr Kind mit Ihren Sachen pfleglich umgehen soll, dann gehen Sie auch pfleglich mit seinen Habseligkeiten um. Respektieren Sie den Wert, den scheinbar »wertlose« Dinge für Ihre Kinder haben. Und dazu gehört an erster Stelle: Nichts wegwerfen! Ein voreilig weggeworfener Lieblingsteddy wird vom Kind nicht vergessen und oft noch im Erwachsenenalter in schmerzlicher Erinnerung bewahrt.
Ein gutes Mittel, die Flut der Dinge im Kinderzimmer zu bremsen, ist sparsames Anschaffen! Nicht jeder spontane Wunsch muß erfüllt werden.

Erwachsenenordnung

Sie ist sicherlich gut für Erwachsene. Wenn alle Socken beieinanderliegen, alle Handtücher sich aufeinanderstapeln, das Nähzeug nicht im Schuhputzkasten untergebracht ist und der Kamm nicht unbedingt neben der Butter liegt, dann weiß man, woran man ist. Es ist eine gewachsene, teils auch ererbte Ordnung, die sich im täglichen Handlungsablauf bewährt. Vor allem spart man Zeit, wenn man in der Eile nach dem Schirm greifen will, und er steht genau da, wo man ihn vermutet. Zu Recht werden wir fuchsteufelswild, wenn ein anderer Schirmbenutzer ihn in eine unauffindbare Ecke gestellt hat. Dinge unnötig suchen zu müssen kostet Nerven.

Manche Mütter machen sich das Leben schwer, indem sie ständig Spielzeug aufräumen. Sie wollen es ordentlich. Und nichts soll herumliegen. Sie übersehen dabei, daß Kinder ihre Dinge auch dann im Blickfeld haben möchten, wenn sie gerade nicht damit hantieren.

Kinder haben ihren Besitz unter Kontrolle

Wir wissen in der Regel, was wir alles so besitzen. Da gibt es eine Schachtel mit Fotos, mit Briefen, mit Erinnerungsstücken. Eine Dose mit Knöpfen, mit abgelegtem

Schmuck, mit Perlen oder Garnen oder Schnüren. Wir wüßten genau, wo wir diesen Kram oder Kruscht finden könnten, wenn wir uns damit beschäftigen möchten. Aber wann haben wir dazu Zeit? Also besteht unsere Ordnung fort und wird nur selten angetastet.
Ganz anders ist das bei Kindern. Sie haben Zeit. Und sie kommen durchaus im Laufe eines einzigen Vormittags dazu, alle ihre Habseligkeiten einmal gründlich zu sortieren. Es ist ja so wunderbar, etwas zu besitzen! Erst hatte man nur eine Rassel und einen Schnuller. Jetzt hat sich das Sortiment erheblich erweitert. Und wenn man ein wenig rührig ist, kommt täglich noch etwas hinzu.

Wunderwelt der Dinge

Wenn der Fernseher noch nicht erfunden wäre, die Kinder würden ihn am allerwenigsten vermissen!

Die Welt der Dinge ist für sie noch neu und damit überaus spannend. Alle Dinge haben Eigenschaften, man kann sie zueinander in Beziehung setzen, man kann sie miteinander verbinden, man kann sie verändern, trennen, teilen, anmalen, verkleben, zerschneiden. Und dazu sind die Dinge da, die ein Kind hortet.

Ordnung versperrt den Zugriff

Wenn ein Kind intensiv spielt, kann es keine Ordnung halten. Es braucht jedes Teil – und zwar in Sichtweite! Nach dem Spiel kann es auch keine Ordnung halten! Es braucht den Erfolg vor Augen.

Aber von einem aktiven Kind kann man nicht verlangen, daß es seine wunderbare Dingwelt fein säuberlich in Kisten, Schachteln und Dosen sperrt. Zum einen verliert es so den Überblick und die Zusammenhänge, zum anderen müssen alle Sachen greifbar sein, weil es damit ja etwas tun will. Und es macht ihm auch Spaß, seine Dinge ganz einfach nur zu betrachten oder neu – und zwar nach seinem eigenen System – zu ordnen. Greift man da ein, zerstört man das System. Ordnen Sie alles nach Ihrer Ordnungsvorstellung, verliert das Kind, wenn ihm das öfter passiert, die Lust am Tun. Es findet sich damit ab, daß Sie über seine Sachen das Sagen haben, und wird passiv.

»Räum alles wieder auf, was du aus dem Regal zerrst!«

Viele Mütter und manche Väter glauben, daß eine Wohnung nicht wohnlich, sondern vorzeigbar sein muß. Vorzeigbar ist dekorativ, ordentlich und steril. Wohnlich ist lebendig. Und Leben ist nun mal die ständige Balance zwischen Chaos und Ordnung. Kinder sind nicht lange Kinder. Sie werden viel zu schnell erwachsen. In den wenigen Jahren, in denen sie Sammler und Tüftler sind, sollten sie selbst die Herrschaft über ihre Sachen und ihre Ordnung haben.
Etwas anderes ist es, wenn sie das von allen benutzte Wohnzimmer zum Warenlager machen. Hier helfen Kompromisse. Im Wohnzimmer gehört jeder Person nur ein Viertel oder Fünftel. Die eigene Spielecke gehört einem ganz. Wenn Kinder einen Platz, eine Ecke für sich haben, in der sie das Sagen haben, fällt es ihnen leichter, ein Wohnzimmer als das zu respektieren, was es ist: ein Gemeinschaftsraum.

Kinderordnung – Erwachsenenordnung

Man kann durchaus die eigene Ordnung gegen die Kinderordnung abgrenzen. Kinder sollten schon gewisse Ordnungsstrukturen übernehmen, wenn dies sinnvoll ist. Eine Schere, ein Handtuch sollte ein Kind nach Gebrauch an den Platz zurücktragen, wo andere sie suchen. Ordnung, wie sie im Erwachsenenleben Zeit spart und Nerven schont, lernen Kinder durch Nachahmung, Schritt für Schritt. Nicht durch Druck. Nicht durch Überstülpen einer Ordnung, die sie nicht begreifen, gegen die sie sich zur Wehr setzen oder vor der sie schließlich kapitulieren.
Wenn Sie – Punkt für Punkt – Ihr Kind vor diesen Elternsünden in Schutz nehmen, verringern sich die Zusammenstöße ganz drastisch. Und Sie schonen Ihre Nerven!

Eigentlich sind Kinder recht friedliche Zeitgenossen, mit denen sich friedlich zusammenleben läßt. Allerdings sollte man paar Grundregeln beachten, etwa die: Tu einem Kind nichts an, was du dir selbst um keinen Preis gefallen lassen würdest.

Fröhlich, entspannt und mit einem Lächeln ist das Leben mit kleinen Kindern und den alltäglichen Pannen halb so schlimm.

Im alltäglichen Leben ist manchmal Geduld von uns gefordert. Warum fällt es uns so seltsam schwer, Kindern gegenüber Geduld aufzubringen? Einfach nur, weil sie schwächer sind?

Zwei Tugenden: Geduld und Humor

Geduld und Gelassenheit

Der geduldige Mensch hat keinen allzu guten Ruf. Ich meine, daß das von einer Verwechslung herrührt. Wir denken an den stillen Dulder, der alles schluckt und keinen Muckser tut. Entweder ist er unempfindlich, oder er läßt sich gerade ein Magengeschwür wachsen. Aber der geduldige Mensch hat nichts mit dem stillen Dulder zu tun. Er kann sehr temperamentvoll sein, aktiv, spontan und von überschäumendem Frohsinn.

Ungeduld nervt

Er ist auch nicht immer und überall ein Geduldspaket. Aber in bestimmten Fällen entschließt er sich, eine ohnehin kritische Situation nicht noch zusätzlich durch nervenaufreibende Ungeduld unnötig aufzuladen. Wenn Menschen am Schalter oder an der Kasse stehen, kann man die Geduldigen und die Ungeduldigen nach Herzenslust beobachten. Wenn sieben Leute vor einem sind, sagt einem ein flüchtiger Blick in deren Einkaufswagen, wie lange es etwa noch dauern wird, bis man selbst an der Reihe ist. In dieser Zeit kann man noch schnell etwas greifen, was man beinahe vergessen hätte. Der Hintermann hält die Lücke frei und schiebt den Wagen mit. Man kann einen Schwatz halten oder sich die Leute ansehen. Man kann mit einem Kind scherzen, man kann eine schwangere Frau vorlassen, die nur ein Teil und das abgezählte Geld in der Hand hat.

Die verwartete Zeit bleibt die gleiche

Aber sie vergeht subjektiv schneller, weil man sich nicht ausschließlich aufs Warten konzentriert. Sie kennen aber auch die Auftritte der Ungeduldigen in der Schlange. Sie schimpfen aufs Kassenpersonal und auf die Kunden, die zuviel kaufen oder zuviel fragen. Sie trippeln von einem Bein aufs andere, schauen auf die Uhr und geben jedem das Gefühl, daß ihr Intercity in weniger als einer Minute losfährt. Ihre Wartezeit kommt ihnen unendlich lang vor. Kein Wunder, sie sind ja auch ausschließlich mit Warten beschäftigt. Betrachtet man Geduld unter praktischen Aspekten, so hilft sie ganz sicher beim Nervenschonen, während Ungeduld – in derselben Situation – ganz sicher an den Nerven zehrt. Ein geduldiger Mensch erkennt die Situation, begreift, daß es nicht in seiner Macht liegt, sie zu verkürzen; er wartet ganz gelassen ab, bis sich die Situation zu seinen Gunsten verändert.

Kinder brauchen auch Geduld

Nun werden Sie fragen: Was hat die Kasse vom Supermarkt mit dem Thema »Erziehung« zu tun? Sehr viel! Wer sich in eine Warteschlange begibt, muß Geduld mitbringen. Wer ein Kind hat, muß wissen, daß künftig Warten angesagt ist. Und damit Geduld:

- Neun Monate auf die Geburt warten
- Während der Geburt warten
- Warten, bis das Kind getrunken hat, bis es zunimmt
- Warten, bis es schläft, wieder aufwacht
- Warten, bis es lächelt, der erste Zahn kommt, die ersten Worte zu hören sind
- Warten, bis es krabbelt, sitzt, läuft, bis es spricht, ins Bilderbuch schaut, ins Töpfchen macht
- Warten, bis es in den Kindergarten geht und damit der Mutter zur ersten Verschnaufpause verhilft.

Jedes Kind hat sein ganz persönliches Programm und sein ganz persönliches Tempo, nach dem es sich entfaltet. Ob mit Geduld oder Ungeduld: Die Zeit, die man investiert, bleibt die gleiche. Doch mit Geduld ist es weniger nervig.

Kinder haben, heißt warten

Wer sich darauf nicht schon während der Schwangerschaft einstellt, erlebt nach der Geburt eine böse Überraschung. Und wenn schon Warten angesagt ist, dann lieber gleich mit Geduld und Gelassenheit. Nur, wie kommt man dahin, wie erwirbt man sich Geduld und Gelassenheit, wenn man doch, wie man glaubt, von Haus aus nur mit Ungeduld ausgestattet ist?
Ganz einfach: Man muß es wollen und üben und für die bessere Lösung halten. Wenn Sie ein Kind haben, egal, ob ein pflegeleichtes oder ein überschäumendes, müssen Sie sich auf seine Kindheit einstellen. Die hat jetzt Vorrang in Ihrem Leben und bestimmt Ihren Rhythmus. Wenn Sie mehrere Kinder haben, ist vieles einfacher, manches komplizierter. Jedes Kind braucht Sie drei oder vier Jahre ganz intensiv, danach können Sie ein wenig delegieren, z.B. an den Kindergarten oder an Kindergruppen mit privatem Charakter. In den drei (oder vier) intensiven Jahren verändert Ihr Kind Ihr Leben total.

Jede neue Entwicklungsphase stellt Sie vor neue Überraschungen

- Erst freut man sich auf den ersten Zahn, aber man rechnet nicht damit, daß dieser Zahn und die kommenden ständig beißen wollen. Alles wird ausprobiert. Sie müssen also höllisch aufpassen, daß Ihr Kind in nichts Verkehrtes beißt!
- Sie warten darauf, daß Ihr Kind endlich krabbelt. Aber wenn es krabbeln kann, ist es mit der schönen Ordnung in Ihrer Wohnung vorbei. Was vom Kind erreichbar ist, muß nach oben gestellt werden. Sie müssen nun ständig kontrollieren, wohin der kleine Entdecker robbt oder krabbelt, und alles aus dem Weg räumen, womit er sich verletzen könnte.

Wenn das Kind etwas Neues ausprobiert, auch wenn es uns nicht gefällt, verdient es unsere Aufmerksamkeit. Betrachten Sie es als Zwischenschritt, der es dem Kind ermöglicht, auch den nächsten Schritt zu tun!

- Mit dem ersten Schritt, den man lange ersehnt hat, wird es noch turbulenter. Der kleine Läufer will laufen, auch wenn er todmüde ist. Und er will endlich einmal all die schönen Sachen in die Hand nehmen, die er bislang nur vom Arm aus oder in Rückenlage vom Teppich aus angestaunt hat.
- Endlich kann Ihr Kind sprechen! Aber nun fragt es stundenlang, wieso, weshalb, warum.
- Ihr Kind ist aktiv, neugierig und kreativ. So haben Sie sich das vorgestellt. Nur haben Sie sich nicht vorgestellt, daß diese Aktivität, die Neugier und die Kreativität sich auf alles beziehen werden, was rund um das Kind geschieht oder an Gegenständen vorhanden ist. Nichts ist sicher vor Ihrem Kind!
- Sie haben sich ein willensstarkes Kind gewünscht, keinen Waschlappen, keinen Duckmäuser. Und nun probiert es seinen Willen aus, trainiert ihn bei allem und jedem und protestiert, wenn Sie es dabei stören.

Kinder verändern das Leben immer wieder

Wenn das kein tiefer Einschnitt ins Leben der Mutter ist, dann ist es entweder schon ihr fünftes Kind, oder sie ist die geborene Mutter, was aber extrem selten vorkommt. Die allermeisten Mütter und Väter müssen lernen, sich auf die Entwicklungsphasen ihres Kindes mit wachsender Geduld und Gelassenheit neu einzustellen.
Wenn man mit Ungeduld darauf wartet, daß ein Kind eine Entwicklungsphase nach der anderen »verwächst«, weil das Leben dadurch konfliktfreier wird, und um möglichst rasch ein vorzeigbares, pflegeleichtes Kind zu haben, wird man das Gegenteil von dem erreichen, was man sich erträumt hat: Das Kind wird schwierig, weil es sich in seiner Entwicklung nicht bestätigt fühlt, sondern gedrängt und bedrängt. Wird das Kind aber schwierig, verkomplizieren sich die ganz normalen Situationen zu

Kinder verändern das Leben ihrer Eltern total – nicht nur durch ihre Geburt! Mit jeder neu erreichten Entwicklungsstufe greifen sie massiv in das Familienleben ein.

nervlichen Zerreißproben. Das geht bis zu Eß- und Schlafstörungen, Wiedereinnässen, sprachlichen Eigenheiten, Verhaltensproblemen im Zusammensein mit anderen u.v.a.m. Im Umgang mit Kindern gibt es keine Alternative zu Geduld und Gelassenheit, davon muß man einfach als unumstößlichem Grundsatz ausgehen.

Entwicklung braucht Zeit

Kindheit ist kurz. Und gerade in diesen wenigen Jahren ist alles so wichtig! Warum also das Kind drängen, sich mit der Entwicklung zu beeilen!

Wenn Sie also mittendrin stecken, fragen Sie sich: Wie lange kann diese Phase meines Kindes, die mich so sehr nervt, wirklich dauern?
Angenommen, Ihr Kind wirft mit Begeisterung alles zu Boden. Es blickt dem Gegenstand lange nach, denn es hofft ja, daß der Gegenstand ganz von selbst zu ihm zurückkommt. Kommt er nach einer Weile nicht, geht das Meckern los. Weil Sie Meckern nicht mögen, heben Sie den Gegenstand selbst auf. Das Kind wirft ihn wieder zu Boden. Wenn es ein ausdauerndes Kind ist, können Sie sich ziemlich oft bücken.

Nichts dauert ewig

Fragen Sie sich jetzt: Wie lange kann es im schlimmsten Fall dauern, bis mein Kind begriffen hat, daß der Gegenstand und andere Gegenstände nicht von selbst zurückkommen? Fünf Jahre? Drei Jahre? Ein Jahr? Ein halbes Jahr? Drei Monate? Sechs Wochen? Bei der letzten Einschätzung liegen Sie ziemlich richtig. Unter einer Voraussetzung allerdings: Sie spielen das Runterwerf-Raufhol-Spiel geduldig mit. Nur so wird Ihr Kind »satt« davon und kann sich neue Spiele ausdenken, eine neue Entwicklungsstufe erklimmen. Was immer Sie nervt an der augenblicklichen Entwicklungsstufe Ihres Kindes, fragen Sie sich immer: Wie lange kann das dauern?

Beobachten Sie Ihr Kind gelassen

Jedes Kind wird sauber, lernt Tischmanieren, spielt eines Tages ganz friedlich mit anderen Kindern, beschäftigt sich selbst. Das alles dauert weder acht noch sieben, noch sechs Jahre, sondern weitaus weniger. Wenn Sie mit Geduld und Gelassenheit Ihr Kind nehmen, wie es ist, und sein persönliches Tempo respektieren, wird es seinen individuellen Zeitplan ganz naturgegeben einhalten. Wenn Sie ihm mit Ungeduld und Hektik in die Entwicklung pfuschen, wird es vor lauter Unsicherheit sein Entwicklungstempo drosseln. Es wird sogar auf schon überstandene frühere Entwicklungsstufen zurückfallen, weil es die schon kennt und sie ihm Sicherheit bieten.

Jede neue Entwicklungsstufe ist für Sie und für Ihr Kind ein Abenteuer. Es lernt etwas Neues hinzu und probiert aus, was man damit machen kann. Sie sind sein geduldiger Begleiter. Sie wissen, es dauert nicht ewig und wird schon bald wieder in Neues münden. Das alles ist sehr spannend für den, der mit Geduld und Gelassenheit am täglichen Werden des Kindes teilnimmt.

Nur dem Ungeduldigen ist die Kindheit ein Dorn im Auge

Wenn Sie mit Ihren Kindern ein Restaurant besuchen, und Ihre Kinder verhalten sich dort ganz normal – so wie Kinder, nicht wie Puppen –, dann wird bestimmt irgend jemand die Geduld verlieren und Sie schräg anmachen. Verlieren Sie dann nicht die Ruhe! Wer Kindern ihre ungezwungene Kindheit neidet, ist mit Sicherheit durch die eigene Kindheit gehetzt worden. Er ist nicht »satt« geworden und neidet vielleicht aus tiefstem Herzen Ihren Kindern, daß sie den Teller auslecken oder Pommes mit der Hand essen dürfen. Haben Sie Mitleid!

Viele Erwachsene sehen es als ihre Aufgabe an, anderer Leute Kinder zu erziehen oder zu kritisieren. Ihnen fehlt jegliche Vorstellung von Kindheit.

Vor allem kreative Kinder fordern die Gelassenheit ihrer Eltern heraus, weil sie ständig damit beschäftigt sind, Dinge und Situationen nach ihrer Phantasie umzugestalten. Gelassene Erwachsene können viel von ihren Kindern lernen.

Was Geduld haben alles heißt

- Ich gebe dir die Zeit, die du brauchst.
- Ich sehe dir mit Wohlgefallen zu, weil ich weiß, daß du eine »Wundertüte« bist, in der noch viel drin ist.
- Ich nehme mir Zeit für dich, weil du mein Kind bist und ein ganz wichtiger Mensch in meinem Leben.
- Ich bin für dich verantwortlich, denn du bist mir so nah wie kaum jemand sonst.
- Ich gebe mir ganz viel Mühe, deine einzelnen Entwicklungsschritte zu begreifen, auch wenn das manchmal gar nicht so leicht ist.
- Ich freue mich auf jeden neuen Entwicklungsschritt von dir, denn ich möchte, daß du selbständig und selbstbewußt wirst.
- Ich weiß, wie kurz Kindheit ist und wieviel da für dein ganzes späteres Leben festgelegt wird.
- Ich schenke dir ganz viel Zeit von mir, weil sie auch für mich sehr wertvoll ist und ich sie nicht unbegrenzt zur Verfügung habe.
- Ich übe mich täglich in Geduld und Gelassenheit, damit du mir das nachmachen kannst und später selbst ein geduldiger und gelassener Erwachsener wirst.

Humor und Lachen

Wenn Geduld heißt, einem Kind die Zeit zu geben, die es jeden Augenblick zur Entfaltung braucht, dann ist Humor die Brille, durch die man diese Zeit betrachten sollte. Wenn Sie ein aktives Kind haben, das sich beständig entfaltet, indem es Neues probiert, könnten Sie gelegentlich annehmen, es zehrt absichtlich an Ihren Nerven. Aber dazu ist ein Kind gar nicht fähig. Erwachsene können sich ausdenken, was sie am besten tun, um dem anderen so richtig auf die Nerven zu gehen. Wenn Kinder dagegen einem Erwachsenen an den Nerven zehren, ist das in den seltensten Fällen Absicht. Meist liegen Unbekümmertheit, soziale Unachtsamkeit und gelegentlich auch brutale Rücksichtslosigkeit zugrunde.

Ein Kind ist sehr entsetzt, wenn es merkt, daß es der Mutter auf die Nerven geht. Es kann sich den Vorgang nicht erklären. Es stellt nur am Ergebnis fest, daß es etwas verkehrt gemacht hat. Wenn es das Hämmern war, das die Mutter nervös gemacht hat, dann kann es durchaus – aus Liebe zur Mutter – mit dem Hämmern aufhören. Aber begreifen kann es nicht, daß sein lustvolles Hämmern von anderen nicht als lustvoll erlebt wird, ja daß ihnen darüber sogar der Kragen platzen kann!

Kinder wollen spielen, herumtollen, Neues erleben – und plötzlich ist es passiert: Eine Fensterscheibe zersplittert! Nehmen Sie das Mißgeschick gelassen; das Kind hat es nicht gewollt.

Nehmen Sie Mißgeschicke von Kindern stets von der heiteren Seite. Die Kleinen müssen so viel lernen, daß es nur selbstverständlich ist, daß nicht alles gleich klappt.

Weder Angriff noch Provokation

Was immer Ihr Kind tut, sehen Sie es als »Probieren« an und nicht als Angriff auf Ihre Person, Ihre Nerven. Mit dieser Einstellung rücken Sie dem Humor immer näher. Denn wenn Sie felsenfest wissen, daß Ihr Kind nur lernt und probiert und nicht auf Ihre Nerven zielt, dann können Sie ganz anders hinschauen. Sie müssen sich auch nicht mehr wehren, denn Sie sind ja gar nicht gemeint! Und da Sie sowieso gerade mit Geduld und Gelassenheit diese etwas »wilde« Phase Ihres Kindes durchstehen, können Sie es auch mit Humor tun.

Nehmen wir noch einmal das Beispiel:
Ihr Kind hämmert. Es ist so begeistert vom Hämmern, weil alle seine Sinne daran beteiligt sind. Es hört den Rhythmus seines Hämmerns, den Ton, den Klang, wenn der Hammer auf den Gegenstand trifft. Es sieht dem Geschehen zu. Der gehämmerte Gegenstand verändert sich, seine eigene Hand ist daran beteiligt. Es setzt Kraft ein, spürt Ermattung und wechselt die Hand. Wenn das kein Abenteuer ist!
Wenn Sie sich darüber klar sind, daß Ihre Nerven in gar keiner Weise gemeint sind, können Sie gelassen reagieren und der Sache zusehen wie einem Lehrfilm.

Wie Kinder spielend die Welt entdecken

Die Sache so zu sehen heißt, sie mit Humor zu betrachten. Und wenn Sie erst einmal die »Humorbrille« aufgesetzt haben, werden Sie auch ganz rasch etwas entdecken, worüber Sie schmunzeln, lächeln oder gar lachen können. Sie sitzen mit den Kindern im Restaurant. Sie staunen, wie toll sich Ihre Kinder heute benehmen. Da springt dem Fünfjährigen das Schnitzel vom Teller und landet wie ein Ufo mitten auf der weißen Tischdecke.

Jetzt haben Sie die Wahl

- Sie schimpfen: »Mit dir kann man nirgends hingehen, ohne sich zu blamieren!« Unterm Tisch zwicken Sie Ihr Kind ins Bein, zur Unterstützung Ihrer Worte. Oder: »So rasch nehme ich dich nicht wieder mit. Und zu Hause sprechen wir uns noch!«
- Sie langen dem Kind eine. Dann sehen der Kellner und die anderen Gäste, daß Sie eine Mutter sind, die sich von ihren Kindern nicht auf der Nase herumtanzen läßt.
- Sie nehmen Ihrem Kind das Schnitzel weg. Wenn es nicht ordentlich essen kann, soll es sehen, was es davon hat!
- Sie schauen Ihrem Kind in das verdutzte Gesicht und sagen: »Hätte mir auch passieren können!« Dann befördern Sie das Schnitzel zurück und fragen, ob Sie beim Kleinschneiden helfen sollen.
- Sie finden die Situation witzig und müssen sich den Mund zuhalten, um nicht herauszuprusten. Ein Ufo ist gelandet!

Das Lachen gilt der Landung, nicht dem Verursacher. Der Verursacher begreift ganz schnell, daß die komische Situation, nicht er zum Lachen reizt. Das entspannt alle. Nun lacht sogar der Kellner mit, und der ältere Herr am Nebentisch ist ganz gerührt über den glücklichen Ausgang des Schnitzelflugs.
Im letzten Fall haben Sie nicht nur ganz erheblich Ihre Nerven geschont, sondern sogar noch Gesundheit getankt! Es stimmt, wenn der Volksmund sagt:

Lachen ist gesund

Herz und Kreislauf werden angefeuert, Lachtränen schießen hervor, die Muskeln entspannen sich, der Körper

Bevor Ihnen der Kragen platzt, überlegen Sie immer, ob es noch eine andere Sichtweise gibt, den vermeintlichen Schaden zu betrachten. Und stellen Sie sich vor, es wäre Ihnen passiert…

**Worüber lachen Kinder?
Sie sind noch ganz ursprünglich in der Lage, allen Dingen und Situationen die lustige Seite abzugewinnen.
Lachen Sie doch einfach mit!**

bebt von Kopf bis Fuß. Wissen Sie noch, wie schön das damals war, als Sie im Konfirmandenunterricht, in der Schule, im Konzert oder wo auch immer die Kurve vor Lachen nicht mehr bekommen haben? Als Sie sich totlachen wollten und die Lachtränen nur so liefen und Ihnen fast die Luft wegblieb und Sie sich setzen mußten, um nicht umzufallen?

Getrauen Sie sich ruhig, so zu lachen wie damals. Lachen ist an kein Alter gebunden. Und wenn es gar nicht klappen will mit dem herzhaften Lachen, dann gehen Sie mal wieder in den Zirkus und schauen den Clowns zu. Zusammen mit Ihren Kindern! Hier dürfen Sie Tränen lachen, wenn der Clown versucht, das Riesenklavier immer näher an seinen winzigen Hocker zu schieben, oder die Ente auf der Rutschbahn umkehrt und das Rutschen verweigert.

Lachen ist manchmal verschüttet wie eine Quelle unter Geröll

Schaufeln Sie das Geröll weg, damit der Lachquell wieder sprudeln kann! Und schauen Sie sich Ihren Alltag einmal ganz genau an:
Ist das nun alles todernst oder nicht doch hin und wieder eher zum Lachen? Wissen Sie, was Sockensterne sind? Die Tochter meiner Nachbarin hat kürzlich heimlich ihre dunkelblauen Stiefelsocken in die mit Weißwäsche gefüllte Waschmaschine geschmuggelt. Die Socken waren naß, und sie wollte sie gern wieder anziehen. Also was ist logischer, als die Socken in die Waschmaschine zu stecken? Alle gewaschene Wäsche ist hinterher wieder trocken, oder etwa nicht? Beim Verriegeln der Tür ahnte die Mutter noch nichts. Als die Maschine fertig war, rückte ihr die Tochter ungewöhnlich dicht auf die Pelle. Sie lauerte auf ihre Socken. Mittelblau waren sie gewor-

den. Auch gut. Die Mutter traute ihren Augen kaum und hielt die Luft an: Kein Teil ohne Flecken! Sie breitete ein weißes Unterhemd, total verfleckt, vor ihrer Tochter aus. Die Tochter schaute die Mutter an. Der Zusammenhang war ihr nicht klar. »Deine Stiefelsocken waren das. Die haben alles verfärbt!« Die Tochter betrachtete das Hemd aufmerksam. Dann sagte sie, und das traf den Nagel auf den Kopf:

Jedes Ereignis läßt sich von zwei Seiten aus betrachten – mindestens. Sehen Sie den amüsanten Aspekt, können Sie lachen; andernfalls entwickelt sich womöglich ein Drama.

»Sockensterne«

Bis heute gibt es in dieser Familie weiße Wäsche mit Sockensternen. Das ist eine Art Nobelmarke geworden. Ich bin sicher, wenn diese Kinder einmal groß sind, werden sie sehr humorvoll sein. Sie haben lernen dürfen, wie aus einem Malheur der Markenname »Sockensterne« entstand. Man kann ein Mißgeschick kleinlachen, anstatt es zu ahnden mit unerbittlicher Strenge. Man kann sich die Nerven zerrütten an einem Ereignis. Man kann sich aber auch über das Ereignis stellen und sich schütteln vor Lachen. Schauen Sie sich Ihren Alltag genau an: Öfter, als Sie meinen, schlägt auch für Sie die Stunde der Sockensterne oder gar des Schnitzelflugs. Sie müssen sich nur trauen...

Auslachen brandmarkt – mitlachen erlöst

Erinnern Sie sich noch an das, was über das Auslachen gesagt wurde? Auslachen brandmarkt den Verursacher als Dummkopf oder Versager. Von Herzen über etwas lachen löst die entstandene Situation von ihrem Verursacher ab. Die als komisch, witzig oder ulkig empfundene Situation – nicht der Verursacher! – löst die Heiterkeit aus. Sogar der Verursacher kann mitlachen, denn gelacht wird ja nur über das unfreiwillige Ergebnis einer bestimmten Handlung, die jedem passieren kann.

Wußten Sie eigentlich, daß Heiterkeit ansteckend ist? Probieren Sie es das nächste Mal aus!

Samstagmorgens beginnt der Wochenendstreß – spätestens! Bevor die Erwartungen aufeinanderprallen und erste Enttäuschungen Kindertränen hervorlocken, sollten Sie die Freizeit planen.

Wenn unausgesprochene Erwartungen aufeinanderprallen, ist die Mißstimmung da: Oft gibt der Klügere nach, und der Stärkere setzt sich durch. Lange geht das nicht gut.

Wenn Feiertage lange Schatten werfen

Das ganz normale Wochenende

Wenn bei Ihnen Geduld und Humor nicht in Gold gerahmt sind, kann schon ein ganz normales Wochenende zum Nervenzusammenbruch führen. Je härter die Woche war, desto größer ist die Erwartung ans Wochenende.

- Sie haben eine Erwartung ans Wochenende.
- Ihr Partner hat eine Erwartung ans Wochenende.
- Die Kinder müssen nicht in den Kindergarten oder in die Schule und haben auch eine Erwartung ans Wochenende.
- Oma hat sich die ganze Woche nicht zu melden getraut, und nun hat sie auch eine Erwartung ans Wochenende.

Aber schon am Samstagmorgen prallen alle Erwartungen gnadenlos aufeinander:

- Sie würden gerne eine Stunde länger schlafen und dann gemütlich frühstücken.
- Ihr Partner möchte in aller Herrgottsfrühe joggen und dann zum Baumarkt fahren, weil Heimwerken angesagt ist.
- Ein Kind hat einen Freund bestellt, dem anderen haben Sie vor ein paar Tagen versprochen, am Samstag mit ihm Turnschuhe zu kaufen.
- Oma freut sich riesig, daß Sie heute endlich Zeit haben, um ihr – wie versprochen – beim Kürzen der Jacke und Weiten ihres Rockes zu helfen.

Und das ist erst der Samstag! Am Montag, soviel steht fest, wird sich jeder erst einmal von diesem Wochenende erholen müssen! Ganz besonders aber Sie selbst. Was ist zu tun? Zunächst einmal gilt: Je größer die Erwartung, um so sicherer die Pleite!

Was wünschen Sie sich vom Wochenende?

Am besten ist es, wenn Sie das schriftlich festhalten. Ein aufgeschriebener Wunsch streift seine Nebelschwaden ab und wird realistisch. Je realistischer Ihre Erwartung, desto geringer die Enttäuschung.
Fragen Sie Ihren Partner, Ihre Kinder, die Oma, was sie vom kommenden Wochenende erwarten. Schreiben Sie alles auf. Und nun schlägt die Stunde der Kompromisse! Keiner in einer Familie kann so tun, als wäre er ganz allein auf der Welt und brauchte auf nichts und niemanden Rücksicht zu nehmen.
Da Sie nun die Wünsche schriftlich haben, brauchen Sie nur noch den Mut, die Wünsche so zu kombinieren, daß für Sie selbst auch noch etwas bleibt:

- Sie schlafen eine Stunde länger.
- Ihr Partner verschiebt das Joggen auf den frühen Abend und macht Frühstück für alle.
- Danach setzt er Sie, Ihre Kinder – mitsamt dem Freund – am Schuhgeschäft ab und fährt zum Baumarkt.
- Sie und die Kinder essen eine Kleinigkeit an der Imbißbude.
- Ihrem Partner empfehlen Sie das gleiche.
- Später holt er Sie alle wieder ab und dazu noch die Oma mit Jacke und Rock.
- Am frühen Abend geht Ihr Partner joggen, während Sie die Füße hochlegen und Musik hören.
- Oma macht für alle das Abendessen und wäscht danach ab.

Was Kinder sich vom Wochenende wünschen, bringt auch den Erwachsenen Entspannung. Es müssen keine großen Autofahrten und großen Programme sein. Die Welt – gleich nebenan – ist Abenteuer genug.

Dies nur einmal als Beispiel, wie man Wünsche kombiniert und heilsame Kompromisse schließt.

Bitte kein Freizeitstreß

Aber muß ein Wochenende immer die Fortsetzung einer hektischen Woche sein? Sind Sie nicht manchmal sogar selbst daran schuld, daß Freizeit in Streß ausartet, weil Sie sich einfach zuviel vorgenommen haben? Wären Ausruhen, Nichtstun, Entspannen nicht auch ein volles Wochenendprogramm? Müssen Sie jeden Sonntag ein Festmenü kochen und Kuchen backen? Wie immer planen Sie das Wochenende rechtzeitig!
Nur wenn jeder seine Erwartungen ausspricht, nur wenn Kompromisse geschlossen werden, wird es ein nervenschonendes Wochenende. So eines, das jetzt schon Anlaß gibt, sich auf das nächste zu freuen.

Kindergeburtstage

Passen Sie auf, daß sich Ihr Kind von Freunden und aktuellen Moden in der Schule nicht den Kopf verdrehen läßt, sondern sich das wünscht, was es selbst möchte.

Alles wäre ziemlich einfach, wenn die Konkurrenz nicht wäre. Aber die gibt es nun mal, und sie sieht etwa so aus:

- Ingo hat zum Geburtstag ein Fahrrad bekommen, vom Feinsten, Gregor ein Klavier (den Preis kennen alle Kinder!), Nina bekam ein riesiges Markenplüschtier und Helen einen Spielecomputer.
- Ein Kind lud 16 Kinder ein, ein anderes zwölf – wohin Sie auch hören: Riesenpartys sind das!
- Während sich die 16 Kinder am heimischen Swimmingpool tummeln durften und vom Butler bedient wurden, wurde ein anderer Kindergeburtstag auf dem Hausboot der Familie gefeiert. Andere Eltern laden zu McDonald's ein, in den Ponyhof oder in den Zirkus.
- Die Kinder schenken reichlich und werden vom Gastgeber im Gegenzug ebenso reichlich beschenkt.
- Mancher Kindergeburtstag dauert bis zum späten Abend. Heimgebracht werden alle, notfalls mit einem Sammeltaxi.

Macht es da noch Spaß, für das eigene Kind einen Kindergeburtstag auszurichten?

Wer hat hier eigentlich Geburtstag?

Das Kind? Der Wohlstand der Eltern? Ihre Eitelkeit? Was macht dem Geburtstagskind wohl mehr Spaß: den Wohlstand der Eltern zu zeigen oder mit Kumpels fröhlich zusammenzusein?
Doch wohl letzteres! Also richten Sie den Kindergeburtstag so aus, wie Ihr Kind sich das vorstellt.

- Was Sie Ihrem Kind schenken, hat sich Ihr Kind sehnlichst gewünscht – nicht Sie, nicht die anderen Kinder, nicht die anderen Eltern.
- Wie viele Kinder können Ihr Kind, Ihre Wohnung, können Sie selbst und Ihr Geldbeutel verkraften? Seien Sie ehrlich zu sich selbst!
- Laden Sie nur die Kinder ein, mit denen Ihr Kind gern und einvernehmlich beisammen ist. Wenn Sie aus Rücksicht auf die Eltern einladen, wird es keine vergnügliche Party.
- Da kaum ein Kind zum Geburtstag kommt, weil es zu Hause hungert, müssen Sie Essen und Trinken nicht in den Vordergrund stellen. Reichen Sie nach und nach – zwischen den Spielen – kleine Häppchen in unterschiedlichen Geschmacksrichtungen. An fremden Tischen futtern manche Kinder zuviel. Zum konzentrierten Spielen bleibt dann kaum noch Energie, nur noch zum Herumalbern.
- Laden Sie nie Kinder ein, von denen Sie nichts wissen. Kinder haben sehr unterschiedliche Motive, warum sie Kinder einladen. Manchmal laden sie ihren ärgsten Piesacker ein, um ihn gnädig zu stimmen. Die Idee an sich ist gut, nur ist der Kindergeburtstag dafür ein denkbar schlechter Rahmen.

Ein Kindergeburtstag sollte die Möglichkeiten einer Familie nie übersteigen – das liegt auch im Interesse Ihres Kindes, das lernen muß, was realisierbar ist.

Beschäftigte Kinder sind gut zu haben. Machen Sie vorher ein Programm, wie alles ablaufen soll. Wenn Kinder sich langweilen, kommen sie auf Ideen, die den Erwachsenen reichlich auf die Nerven gehen können.

- Wenn Sie die Kinder nicht nach Hause bringen können, vereinbaren Sie mit den Eltern eine Abholzeit. Zwei oder drei Stunden Kindergeburtstag sind genug.
- Machen Sie ein Programm für die Party, und ziehen Sie vorher den Stecker vom Fernseher ab!

- Laute Spiele
- Leise Spiele
- Beschäftigung der Hände
- Zuhören
- Süßes (aber sehr maßvoll!)
- Beschäftigung der Füße
- Raten
- Getränkeausgabe
- Geschicklichkeitsspiele
- Malen
- Sandwich mit Gurke und Salat
- Pantomime
- Spiele im Sitzen
- Vorlesen
- Erzählen
- Nachtisch

Es gibt Kinder, die an ihren Eltern schon früh vieles nachahmen, auch Negatives. Wenn Sie so ein Quengelpaket eingeladen haben, dem Ihre Wohnung zu klein ist.

Kindergeburtstag ist eine Herausforderung an die ganze Familie! Überraschen Sie Ihr Kind mit einer lustigen Dekoration und vielen neuen Spielen.

die Automarke nicht paßt, das den Videorekorder vermißt und die Geburtstagssahnetorte, dafür aber prahlt, was seine Eltern alles haben, und was es alles darf, dann haben Sie die Wahl:

- Sie tragen es mit Humor und in der Gewißheit, daß dieses Kind zum letzten Mal bei Ihnen war.
- Sie regen sich schrecklich auf und fühlen sich persönlich angegriffen und herabgesetzt.
- Sie greifen beherzt zum Hörer und bitten die Eltern, ihren Prinzen wieder abzuholen mit der Begründung: »Ihr Kind fühlt sich bei uns nicht wohl. Das wollen wir ihm lieber ersparen, nicht wahr?«

Wenn Sie zum Schluß ein Foto von allen machen und versprechen, daß jedes Kind eines bekommt, war das ein gelungener Kindergeburtstag. Sie werden aufatmen, wenn die ersten Eltern zum Abholen kommen. Drei Stunden wollen eben durchgestanden sein.

Je älter Ihr Kind wird, desto mehr tritt der Kindergeburtstag in den Hintergrund. Dann können Sie aufatmen. Doch vorerst viel Spaß beim Kindergeburtstag!

Urlaub

Wenn man der Werbung glaubt, ist der Urlaub die schönste Zeit im Jahr. Wenn man Therapeuten und Psychologen glaubt, legt der Urlaub in viel zu vielen Fällen die Nerven blank und beeinträchtigt obendrein noch die Gesundheit. Zu schnell sollte man keinem glauben.

Die einen freuen sich auf den Urlaub, die anderen denken mit Schrecken an die letzte chaotische Reise. Das muß nicht sein, wenn Sie rechtzeitig die Bedürfnisse aller berücksichtigen.

Wie war der letzte Urlaub?

- Haben Sie sich körperlich erholt?
- Wo gab es Streß?
- Bei welcher Gelegenheit traten Konflikte auf?
- Hat der Urlaub Ihre Familiengemeinschaft zusammengeschweißt oder eher belastet?

- Was war während dieser Zeit für die Familiengemeinschaft besonders belastend?
- Hat Ihr Partner sich körperlich erholt?
- Bei welchen Gelegenheiten ist ihm der Kragen geplatzt?
- Welche Situationen mit Ihren Kindern haben Sie als schwierig empfunden? Warum?
- Waren Sie froh, als der Urlaub zu Ende war?
- Haben Sie sich vom Urlaub erholen müssen?
- Oder Ihr Partner?

Vielleicht sind Sie ja Meister im Urlaubmachen und haben es gar nicht nötig, jemals über Veränderungen nachzudenken. Vielleicht gehören Sie aber auch zu der eher größeren Gruppe von Eltern, deren Erwartungen an den Urlaub regelmäßig enttäuscht werden.

Was ist zu tun?

Kleine Kinder sind von großen Urlaubsreisen meist überfordert: Klima, Essensumstellung und fremde Umgebung lassen sie oft quengelig werden. Erholsam ist das nicht.

Werden Sie sich – in einer stillen Stunde – einmal klar darüber, was Sie vom Urlaub erwarten. Und zwar Sie ganz persönlich! Es ist sicher ein schönes Gefühl, wenn es Ihren Lieben gutgeht, aber muß das auf Ihre Kosten gehen? Müssen Sie auch im Urlaub so top funktionieren wie das ganze Jahr über zu Hause?
Wer hat Profit von der langen Anreise, wenn Sie dort auf einen Strand, einen Wald, einen Berg treffen, den Sie in kürzester Zeit auch in der Nähe Ihrer Heimatgemeinde erreichen könnten? Sicher, imponierende Ansichtskarten können Sie dann nicht schreiben. Aber wer hat Gewinn von diesen Ansichtskarten?

Wenn Ihre Kinder etwas größer sind, bieten sich zahlreiche Gelegenheiten für sie, einmal ganz ohne Eltern und Geschwister Urlaub zu machen: Reiterferien, Schüleraustausch, Ferienangebote kirchlicher Organisationen, Pfadfinder und andere Jugendgruppen.

Für wen soll es eine Erholung sein?

Vielleicht kommt dann die Chance für Sie und Ihren Partner, wieder einmal so richtig Urlaub mit Pfiff und Flitterwochencharakter zu machen. Nur Sie beide! Solange die Kinder klein und krankheitsanfällig sind und auf eine fremde Umgebung verstört reagieren, bietet der Urlaub in der Nähe die beste Erholung. Anreise, Essensumstellung und Klimawechsel entfallen.

Urlaub zu Hause

Viele Familien mit kleinen Kindern bleiben auch am Ort und »urlauben« von dort aus. Sie lassen sogar das Auto in der Garage, weil die Kinder viel lieber Straßenbahn, Zug und Bus oder mit dem Schiff fahren.
Von zu Hause aus verläuft der Urlaub eher gemach: Man überlegt heute, was man morgen unternehmen will, und hat auch mal den Mut, einen echten Pausentag dazwischenzulegen. Touristikbüros bieten Broschüren an, die alles verzeichnen, was in und um Ihre Stadt herum sehenswert und mit öffentlichen Verkehrsmitteln zu erreichen ist.
Wenn Sie von einem solchen Urlaub noch Geld übrighaben, legen Sie es beiseite für die erste »Traumreise«, die Sie allein mit Ihrem Partner unternehmen, sobald die Kinder selbständig Ferien machen.

Im Urlaub gilt oft der Grundsatz: »So viel Geld für die Reise, nun wollen wir auch alles sehen!« Das artet oft in eine Tortur für die Kinder aus.

Urlaub ganz allein

Sie machen ein paar Tage ganz allein Urlaub! Viele Mütter träumen ständig davon: Mal wieder mit der alten Schulfreundin wandern, bummeln, von früher erzählen. Aber sie scheuen sich, einen solchen Traum in die Wirklichkeit umzusetzen: Der Mann könnte verhungern, die Kinder jammern, die Nachbarn und die Schwiegermutter

würden Arges denken. Nichts von alledem ist ein wirklicher Hinderungsgrund. Sprechen Sie sich mit Ihrem Partner ab. Vielleicht macht es ihm sogar großen Spaß, zur Abwechslung einmal ganz allein mit den Kindern zu wirtschaften!
Und anschließend macht er dann ein paar Tage ganz allein Urlaub. Erholsam ist das sicher, denn ohne Familie gewinnt man eher Abstand vom Alltag. Und es ist überhaupt keine Schande, so etwas offen zuzugeben.

Urlaub hat viel mit Prestige zu tun

Wer nur an Prestige denkt, macht dreimal Urlaub im Jahr. Und immer in den entlegensten Ecken der Welt. Aber wir, die wir mit viel Liebe und Vernunft Mütter und Väter geworden sind, beziehen Ansehen und Geltung (Prestige!) schon eher aus der Art und Weise, wie wir unsere Kinder gut über die Runden bringen. Und dazu gehört gelegentlich der Verzicht auf einen Urlaub, der unseren Kindern (noch) nicht gemäß ist.

Kinder vermissen den Urlaub à la carte nicht, wenn sie als Anhängsel mittrotten müssen und keine Ruhe finden. Der Urlaub aus dem Katalog ist eine Erfindung von Erwachsenen für Erwachsene.

Kinder würden eher so Urlaub machen

- Morgens zu den Eltern ins Bett krabbeln
- Kissenschlachten inszenieren
- Im Bett frühstücken
- Alte Klamotten tragen
- Wenig waschen oder gar nicht
- Rumbummeln mit Eltern, die einfach nur gut gelaunt sind und Zeit in Hülle und Fülle haben
- Einen ganzen Tag im Schwimmbad verbringen
- Kein warmes Mittagessen
- Ganz viel Zeit im Zoo verbringen
- Mit dem Zug fahren
- Picknick machen
- Bei der Oma übernachten

- Einmal ganz alleine oder mit anderen Kindern im Zelt schlafen
- Abends aufbleiben, solange man will
- Selber mal Essen zubereiten
- Ins Kino gehen
- Eine Burg besichtigen
- Dampflok fahren
- Im Biergarten abends essen, wenn die Lampions an sind

Dieser Katalog der Urlaubsfreuden ist brandaktuell und wurde von einer Lehrerin der vierten Klasse mit den Kindern erarbeitet. Fast 90 Prozent dieser Kinder machen mit den Eltern Urlaub im Ausland. Toll finden sie, wenn die Eltern für sie Zeit haben und sich nicht streiten. Doof finden sie, wenn der Vater im Auto tobt und die Eltern abends mit Freunden ausgehen.
Also: Wenn Ihre Familie Urlaub macht, wer soll auf seine Kosten kommen? Der Partner, weil er immer schon mal nach XYZ wollte? Sie selbst, weil Sie Abstand vom Alltag brauchen und sich nach Ruhe sehnen? Ihre Kinder, weil sie dringend mal wieder ganz eng – und ganz friedlich! – mit Mama und Papa zusammensein möchten?

Wenn die Kinder sich wohl fühlen und Beschäftigungsmöglichkeiten haben, können die Erwachsenen ausspannen und die Nerven schonen.

Gemeinsam das Leben genießen – auch das können Ferien bedeuten! Nehmen Sie sich Zeit füreinander, und spielen Sie mit Ihrem Kind, anstatt auf Luxusreise zu gehen.

Unterschiedliche Erwartungen, die nicht ausgesprochen werden, erzeugen Hochspannung, wenn sie unversehens aufeinanderprallen. Es entsteht Streß. Und Sie wissen ja, Streß zehrt an den Nerven. Muß das ausgerechnet zur schönsten Zeit im Jahr sein?

Weihnachten

Wir setzen uns selbst unter Druck, bis die Nerven flattern, und sind froh, wenn Heiligabend wieder vorbei ist. Es kann aber auch anders gehen, wenn wir uns zu mehr Bescheidenheit durchringen.

Wenn das erste Türchen vom Adventskalender geöffnet ist oder das Stiefelchen, Päckchen oder Briefchen von der Adventsleine gepflückt wird, dann wird es ernst: In 23 Tagen ist Heiligabend! Und noch fünfmal schlafen bis Nikolaus! Keinem Fest geht so viel Vorfreude voraus wie dem Weihnachtsfest; um kein Fest ranken sich so viele spannende Handlungen, Lieder, Geschichten, Gedichte und Bräuche. Trotzdem ist Weihnachten in Verruf gekommen: als Konsumfest, als zwanghaftes Familientreffen, als Fest der künstlichen Harmonie, der ungebetenen Besuche und der übertriebenen Geldausgaben, als Fest der Völlerei und Heuchelei. Daran ist Weihnachten nicht schuld. Daran ist viel eher schuld, daß wir uns angewöhnt haben, Feiern mit Essen und Trinken gleichzusetzen und Weihnachten mit Geschenken.

Forderungen an das Fest

Wir haben das Warten verlernt. Das hängt eng mit den großen Geschenken zusammen, auf die sich die Weihnachtserwartung richtet. Eine Lehrerin fragte Zwölfjährige nach ihren Weihnachtswünschen: Stereoanlagen, Fahrräder, Ski- oder Surfausrüstungen und Computerspiele führten die Liste an. Natürlich wird mit den Eltern über Fabrikate, Qualität und Preise verhandelt, natürlich sind die Kids beim Einkauf dabei. So ist Warten auf die Geschenke bis Heiligabend erst gar kein Thema.

Weniger ist mehr

Was tun? Nehmen Sie die großen Essen und die großen Geschenke aus der Weihnachtszeit heraus. Dann kann es Weihnachten werden – vielleicht so, wie Sie es als Kind noch erlebt haben. Als meine Kinder klein waren, habe ich mir die meisten Urlaubstage stets für die Weihnachtszeit aufgehoben.
Weihnachten ist eine große Chance für die Familie, gerade wenn die Mütter berufstätig sind. Ich bin einmal gefragt worden, wie ich es als aufgeklärte Mutter verantworten könne, aus der Weihnachtszeit ein mehrwöchiges »Gewese« zu machen. Ja, wie kann ich das verantworten? Daran ist zum einen eigenes Erleben ganz stark beteiligt. Ich liebe die Geheimniskrämerei. Längst totgeglaubte Bastelfähigkeiten leben plötzlich auf. Ich backe das ganze Jahr nicht. Im Dezember hole ich alles nach. Da backe ich sogar Brot. Der Duft hält sich tagelang in allen Winkeln. Elf Monate lang würde mich meine Familie auslachen, wenn ich Türen, Fenster und Lampen hingebungsvoll mit den gefühlvollsten Dekorationen versähe.

Die Weihnachtszeit genießen ist heute fast schon ein unbekannter Luxus. Versuchen Sie es einmal – Ihren Kindern zuliebe.

Weihnachten – Zeit der Besinnung

Im Dezember habe ich freie Hand. Meine Apfelfrau bringt die schönsten roten Äpfel und die dicksten Nüsse, die sie vorher schon für mich gesammelt hat. Die Gärtnerei hält Tannenzweige und Misteln bereit. Ich krame Weihnachtsdecken aus der Kindheit hervor. Glocken und Engel sind darauf gestickt. Der Kerzenverbrauch steigt. Wenn sich Besuch anmeldet, sage ich: »Bring Zeit mit!« Einfach mal abends sitzen. Ohne Fernsehen. Mal wieder Händel hören, Haydn oder Bach. Das Jahr ist so hektisch, so arm an Poesie und Glanz. Ich brauche diesen zwölften Monat im Jahr, dieses Warten aufs Christkind, um wieder Kraft zu schöpfen für ein neues Jahr.

Plätzchen und Stollen backen zusammen mit Kindern; Türen und Fenster dekorieren; kleine Geschenke basteln und liebevoll verpacken; Lieder, Verse und Geschichten hervorkramen – dann kann es Kinderweihnacht werden!

Kindheitserinnerungen werden wach

Und dann ist da noch meine Kindheit sehr stark an der Art und Weise, wie ich Weihnachten verstehe, beteiligt. Und das ist auch der Grund dafür, warum ich meinen Kindern diesen Fundus an Erinnerungen schon früh als Lebensgepäck mitgeben wollte.
Weihnachten, Warten aufs Christkind, der Dezember auf dem Lande, das Zusammenrücken der Familie – nie ist für mich ein Jahr zu Ende gegangen, ohne daß ich mich ausgiebig daran erinnert habe. Es war Krieg und alles Gute und Schöne rar. Aber es war da die Geheimniskrämerei, das Basteln aus dem Nichts, das Dekorieren mit Zweigen, Äpfeln und Nüssen. Und immer hat es nach irgendwas geduftet: nach Bratäpfeln oder Brot, nach Plätzchen oder nach Tannenzweigen auf der Herdplatte, nach Kerzengießen aus mühsam gesammelten Stummeln. Stollen gab es auch – manchmal zeitungsdünn.

Das Christkind wird sehnlichst erwartet

Die Adventszeit war eine Art Leiter, auf der es immer höher hinaufging; immer mehr Spannung und Erwartung machten die kurzen Tage lang.
Weihnachten ist die Summe der Adventstage. Ich glaube nicht, daß ein Weihnachtsfest ohne Vorbereitung, ohne Warten aufs Christkind gelingt. Quasi aus dem Stand. Ich kenne Familien, da wird am Heiligen Abend der Baum gekauft, die letzten Geschenke werden besorgt, der Braten für die Feiertage, die Naschereien für die Weihnachtsteller und manches mehr.

Bis zur Bescherung flattern die Nerven

Und spätestens am ersten Weihnachtstag liegen sich alle in den Haaren. Nun tröstet auch der Braten nicht mehr, nicht die teuren Geschenke. Wenn die Stimmung erst einmal dahin ist, liegt der Gedanke an Umtausch sowieso viel näher als irgendwelche Freudengefühle. Die Riesenerwartungen an das Fest verpuffen, und alle sind froh, wenn der normale Alltag wieder einkehrt.

Aufs Christkind warten setzt Zeit voraus

An jedem Tag, der auf der Warteleiter liegt, sollte etwas geschehen, was alle in der Familie betrifft. Das geht auch die Väter an. Mit ein wenig Planung läßt sich nahezu jede Berufsarbeit im Dezember stundenweise drosseln. Und das sind dann die Stunden, an die sich unsere Kinder ein Leben lang erinnern. Wer nicht vom Fußboden essen möchte, muß die Tage vor Weihnachten nicht mit Putzen vertun. Lieber noch einen Stern aufhängen, noch die Hose für den Lieblingsteddy nähen, noch ein Fotoalbum auf den neuesten Stand bringen, kleine Lieblingsspeisen zubereiten, Kerzen anstecken, Musik hören oder sogar selber singen und musizieren.

Wo keine echte Weihnachtsstimmung entsteht, keine Vorfreude die Herzen der Kinder erfüllt, da werden die Feiertage schnell zur Qual.

Feste bedeuten auch Festessen

Der Speisezettel für die Feiertage ist wichtig. Und er läßt sich sehr früh planen. In den Tagen vor Weihnachten macht Einkaufen keinen Spaß. Da ist es zu Hause oder bei gemeinsamen Spaziergängen weitaus gemütlicher. Große Gerichte, die viel Zeit und Nerven erfordern, passen eher zu einer Hochzeit als zu Weihnachten. Seit der Erfindung der Kühlschränke macht es keine Probleme mehr, jeden Tag ein Lieblingsgericht zu zaubern, so eines, wie es sich Kinder wünschen, wie es sich Oma und Opa, Vater und Mutter schon als Kinder gewünscht haben. Ein Essen, bei dem man selbst ganz viel tun kann. Kein so perfektes wie im Restaurant, das einem serviert wird und dann nur noch verzehrt werden muß.

Weihnachten ist ein Fest der Düfte – heute wie einst. Es wird gebacken und gekocht, Süßes duftet neben Äpfeln und Nüssen, in der Luft liegt der Geruch von Kerzen und Tannennadeln.

Ein Fest der Sinne

Die Weihnachtszeit ist eine Zeit, in der die Sinne so viel Nahrung bekommen, daß sie ein ganzes Jahr davon zehren können.

- Vor allem ein Fest für den Gaumen: Zu keiner anderen Jahreszeit wird den Geschmacksnerven so viel Abwechslung geboten.
- Aber auch ein Fest für die Nase: Duftkegel, Räucherstäbchen, Kerzen, Zweige, Nüsse, Äpfel, Gebackenes und Gekochtes.
- Ein Fest für die Hände: Wachs, Kuchenteig, Wolle, Papier, Stanniol, Holz, Bast u.v.a.m., was sich biegen, kneten, formen und verzaubern läßt.
- Ein Fest für die Augen: Die Türen am Adventskalender öffnen sich, Lichter hier und dort, Gestecke und Gebinde an den Fenstern und Türen, die Krippe taucht aus der Schachtel auf, der Weihnachtsbaumschmuck wird sortiert und ergänzt, Plätzchen wandern in Dosen, und Päckchen werden gepackt. Es wird schöner, spannender von Tag zu Tag.
- Und nicht zuletzt ein Fest für die Ohren: Es wird vorgelesen und gesungen, leiser gesprochen als sonst, Musik gehört oder die abendliche Stille genossen, wenn nur Kuscheln auf dem Programm steht oder die Nase gerade ihren Feiertag hat oder der Gaumen beschäftigt ist.

Der krönende Höhepunkt

Und dann kommt der Heilige Abend, an dem alles zusammenwirkt: die kleinen Überraschungen, ganz viel Zeit füreinander, miteinander auspacken, spielen, essen und trinken und selig zu Bett gehen.
Das Warten hat sich gelohnt: Das Christkind ist da.

Über die Autorin

Carola Schuster-Brink war zunächst Kindertherapeutin in einer Klinik, unterrichtete dann angehende Erzieherinnen und übernahm schließlich die Redaktion verschiedener Eltern-Kind-Zeitschriften. Als Mutter von zwei Kindern weiß sie, welch nervenaufreibendes »Geschäft« Erziehung sein kann.

Literatur

Ballhausen, Ingeborg: Will mein Kind mich ärgern? Kleinkinder besser verstehen lernen. Südwest Verlag. München 1993
Gordon, Thomas: Familienkonferenz in der Praxis. Wie Konflikte mit Kindern gelöst werden. München 1989
Gürtler, Helga: Kinder brauchen feste Regeln. Zickzackkurs macht Erziehung schwer. Südwest Verlag. München 1993
Gürtler, Helga: Kleine Haken im Familienalltag. Konflikte erkennen und daraus lernen. Südwest Verlag. München 1993
Strätling, Barthold: Streiten, teilen und vertragen. Südwest Verlag. München 1993
Zimmer, Katharina: Versteh' mich doch bitte. Über die alltäglichen Mißverständnisse zwischen Kindern und Erwachsenen. München 1992

Hinweis

Das vorliegende Buch ist sorgfältig erarbeitet worden. Dennoch erfolgen alle Angaben ohne Gewähr. Weder Autorin noch Verlag können für eventuelle Nachteile oder Schäden, die aus den im Buch gemachten praktischen Hinweisen resultieren, eine Haftung übernehmen.

Bildnachweis

Das Fotoarchiv: 31 (Rupert Oberhäuser), 54 (Tobias Grumme) IFA-Bilderteam: 6, 11 (Heinz Koch), 37 (Comnet), 54, 64, 75 (West Stock), Mauritius: 18 (Mc Carthy), 22 (Poehlmann), 28 (Eye-Press), 32 (Hubatka), 41 (Coll), 46 (Habel), 59 (H. Blume), 84 (U. Kerth), U4 (Pigneter), Tony Stone: U1 (Charles Thatcher), U2 (Lori Adamski Peek), 50 (Rosanne Olsen), 68 (Peter Correz), 80 (J. W. Burkley), 89 (Andre Perlstein)

Impressum

Redaktion: Christel Hofmann, Dr. Elisabeth Veit
Redaktionsleitung: Josef K. Pöllath
Graphisches Konzept: Christine Paxmann
Umschlag: Wolfgang Lehner
DTP/Satz: Reiner Löb
Druck: Color-Offset GmbH, München
Bindung: R. Oldenbourg, München
Printed in Germany
Gedruckt auf chlor- und säurearmem Papier

ISBN 3-517-01839-2

Register